Jakob Mähly

Der Oedipus Coloneus des Sophocles

Beiträge zur inneren und äußeren Kritik des Stückes nebst einem Anhang

philologischer Miscellen

Jakob Mähly

Der Oedipus Coloneus des Sophocles
Beiträge zur inneren und äußeren Kritik des Stückes nebst einem Anhang philologischer Miscellen

ISBN/EAN: 9783742893963

Hergestellt in Europa, USA, Kanada, Australien, Japan

Cover: Foto ©ninafisch / pixelio.de

Manufactured and distributed by brebook publishing software (www.brebook.com)

Jakob Mähly

Der Oedipus Coloneus des Sophocles

Der

Oedipus Coloneus des Sophocles.

Beiträge

zur

inneren und äusseren Kritik des Stückes

nebst einem Anhang

philologischer Miscellen

(zur Antholog. graeca, zu Calpurnius und Nemesianus)

von

J. Mähly.

BASEL.

Hugo Richter.

1868.

Der

Oedipus Coloneus des Sophocles.

Beiträge

zur

inneren und äusseren Kritik des Stückes

von

J. Mähly.

Vorwort.

Nachfolgende Abhandlung über Sophocles lag schon seit Jahren im Pulte, und es sind seit dem ersten Entwurf derselben, besonders was die Textesgestaltung betrifft, eine Anzahl von Abhandlungen, Programmen, ja selbst Spezialausgaben erschienen, welche ich nicht alle benutzen konnte. Ich zweifle daher nicht, dass ich hie und da für *mein* Eigenthum halte, was ein Anderer schon *vor* mir gefunden hat; viel wird es indess kaum sein, und ich bitte für etwaige Fälle dieser Art als ehrlicher Mann um Entschuldigung bei den betreffenden Kritikern. Im Ganzen schadet es ja in der That nichts, im Gegentheil, es verhilft eher zur Beglaubigung und dient zur Bestätigung einer Vermuthung, wenn zwei oder drei Gelehrte unabhängig von einander auf dieselbe gerathen. Was mir in die Hand kam, habe ich gewissenhaft nachgetragen, anderes war mir zu beschaffen nicht möglich, noch anderes mag mir nicht bekannt geworden sein. *Hanc veniam petimusque damusque vicissim.* Der Verfasser musste sich ähnliches auch schon gefallen lassen und erlaubt sich zur Bestätigung dieser Behauptung zugleich auch zur Orientirung der Fachmänner folgende Mittheilungen zu machen:

In der sonst verdienstlichen Ausgabe der Frontoniani-
schen Briefe von S. A. Naber (Teubn. 1867) führt der Herausgeber p. XXXII seqq. der Vorrede eine Anzahl von Programmen und Abhandlungen anderer Gelehrter zu Fronto an,
die ihn gefördert oder auch nicht gefördert haben. Es ist
nicht Unbescheidenheit, sondern einfache Inanspruchnahme
eines jedem Mitarbeiter und Mitforscher gleichmässig zuste-
henden Rechtes, wenn ich mir erlaube darauf aufmerksam zu
machen, dass dem Herausgeber bei dieser Aufzählung meine
im Philolog. XVII, p. 176 seqq. und XIX, p. 159 seqq.
erschienenen kritischen Beiträge zu Fronto entgangen sind.
Dass diess absichtlos geschah, unterliegt keinem Zweifel, und
hätte ich nicht diese feste Ueberzeugung, so würde ich ge-
schwiegen und jene Beiträge (welche der Ausgabe Naber's
gleichwohl an mehr als einer Stelle zu gute gekommen wären) ihrem Schicksale überlassen haben. So aber erlaube ich
mir um so mehr dieselbem dem Herausgeber und andern mit
Fronto Beschäftigten zur Rücksichtnahme zu empfehlen, als
für eine Anzahl von und bei Naber geheilter Stellen die
Priorität *mir* gehört, wie eine Einsicht in dieselben zeigen
wird, andere dagegen, welche bei Naber noch corrupt erscheinen, von mir bereits restituirt sind. — Bei diesem Anlasse
bietet sich für mich wie von selbst die Bemerkung dar, dass
ich mich ganz im ähnlichen Fall befinde gegenüber Munro
in Cambridge und seiner Ausgabe des „Aetna" (1867). Eine
beträchtliche Anzahl von Verbesserungen, welche diese Ausgabe
enthält, befindet sich bereits in meinem fünf Jahre vor Munro's
Recension erschienenen Programm: „Beiträge zur Kritik des
Lehrgedichts Aetna", Basel 1862; und die Aufnahme einer
Anzahl anderer, wenn Munro sie gekannt hätte, würde seiner Aus-

gabe kaum zur Unehre gereicht haben. Erst vor wenigen Tagen erhielt ich von Cambridge eine briefliche Einladung, ein Exemplar meiner „Beiträge" an Munro absenden zu wollen, mit dem Ausdruck des Bedauerns, dass dem Herausgeber trotz aller Mühe die Beschaffung eines solchen bisher unmöglich gewesen sei. Mit Leuten der genannten Art lässt sich reden und in Güte auskommen; mit andern, welche sich auch Philologen nennen, allerdings nicht; dass man diesen auf ihre Aus- und Einfälle überall und immer Antwort gebe und Rede stehe, wird kein Vernünftiger verlangen, im Gegentheil, man thut eher seine Pflicht, wenn man gewissen üppigen Juvenilien ein würdiges Schweigen entgegensetzt. In diesem Fall befinde ich mich z. B. gegenüber Herrn Lucian Müller und dessen Bewunderer Herrn Rothmaler in Betreff meiner Ausgabe des sogenannten „Orestes". Wer meine Vorrede einigermaassen aufmerksam liesst und die darin aufgestellten Gesichtspunkte mit dem Massstabe der gewonnenen Resultate bemisst, der wird die Ausstellungen der genannten Herren nach ihrem wahren Werth oder Unwerth, ja, was den letztgenannten betrifft, nach ihrer Entstellung des Thatbestandes, zu würdigen wissen. Ich werde demnach kein Wort mehr entgegnen, bis ich es vielleicht wieder einmal für der Mühe halten werde, in einer zweiten Ausgabe das Gedicht zu behandeln, welche in Folge der vielfach verfehlten, wenn schon die „Zeit eines Nachmittags" in Anspruch nehmenden Versuche Herrn L. Müllers und dem heroischen, πιστὰ ἄπιστα in Schutz nehmenden, Beharrungsvermögen Herrn Rothmalers nöthig werden möchte. — Was (um auf vorliegende Schrift zurückzukommen) den Anhang, die Miscella, betrifft, so mag dieser Titel nicht nur, sondern ein von Philologen besonders

in früherer Zeit häufig beobachteter Usus die Sache rechtfertigen. Billige Beurtheiler, wie ich mir sie wünsche, d. h.
solche, welche nicht mit Heisshunger auf Ausstellungen aus-
gehen und an entdeckten Inconsequenzen im Modus des Ci-
tirnes oder andern Vergehen gegen „philologische Akribie"
eine wahre Schöpferfreude haben — billige Beurtheiler werden die Spreu eben Spreu sein lassen und ihr Augenmerk
zunächst auf den Waizen richten, der doch hoffentlich auch
vorhanden sein wird.

Der Verfasser.

Aumerkung. Der Aufsatz über Sophocles war schon ge-
druckt, als ich im Philologus (Bd 26, Heft 3, p. 385 seqq.) die
Abhandlung Schöll's: „Ueberarbeitung des Oed. Colon." zu Gesicht
bekam; sie konnte also nicht mehr berücksichtigt werden, übrigens
hätte sie meine Ansicht schwerlich alterirt.

Es gibt kaum eine Tragödie aus dem Alterthum, welche, wenn man wenigstens den Fachmännern glaubt und ihre eigenen divergirenden Ansichten in Betreff einer Anzahl der wichtigsten, für die Beurtheilung maassgebendsten Fragen vergleicht, noch so viele ungelöste Probleme darbietet, als der Oedipus auf Colonus. Ueber Zeitbestimmung, Tendenz oder völlige Abwesenheit einer solchen, politische Färbung gewisser Stellen oder durchgehends dichterische, rein dramatische Haltung der Fabel, ja über grösseren oder geringeren Werth der dramatischen Behandlung, über eigentliche ästhetische Würdigung, gehen die Ansichten der namhaftesten Gelehrten oft so ziemlich diametral auseinander. Mit der zuletzt genannten Frage wäre freilich noch eher ins Reine zu kommen, wenn nicht zu völliger Entscheidung derselben (insofern eine solche überhaupt möglich) ein äusseres Moment in Betracht käme; oder, wie wir uns besser ausdrücken können, die Frage nach dem dramatischen Werth des Oedipus Coloneus ist wenigstens um einen Knoten verringert worden, seit über die äussere, selbständige und nicht durch trilogische Composition bedingte Stellung derselben entschieden ist. Ich glaube, nach den Acten, wie sie jetzt seit Schöll's erstem Angriffe auf die Einzelcomposition sophocleischer (auch euripideischer) Tragödien vorliegen, darf man wohl von *Entscheidung* dieser Frage sprechen, und zwar Entscheidung in einem der Schöll'schen Ansicht entgegengesetzten Sinne.

1

Wenn dieser (p. 8 über die Tretal. u. s. w.) den Satz hin-
stellt: „Sophocles .... gab immer nur Dramen in einer Aufführung, die miteinander, sei es durch Fabelverkettung, sei es
durch eine andere dichterische Verknüpfung eine zusammen-
gehörige Gruppe machten," so ist dieser nicht nur von eigentlichen Philologen, deren Urtheil in „ästhetischen" Dingen der
Verfechter der Tetralogie souverän zurückweist, Punkt für Punkt
angefochten und widerlegt worden (vgl. beispielsweise Schmalfeld in Zeitsch. f. Gymnas. XIV Jahrg. April p. 273 seqq. und
zuletzt, so viel ich weiss, Leop. Schmidt in Symbol. Bonnens. I,
p. 219 seqq. über die Thebanertrilogie des Sophocles), sondern
auch ästhetische Zunftgenossen sprechen sich dagegen aus, z. B.
Klein in seiner Geschichte des Drama (I. 353 seqq.), wenn schon
Schöll (p. 10) sich hatte vernehmen lassen: „dass ein Dichter
drei Stücke so bedacht und consequent wie Sophocles in der
Oedipustriologie verknüpfe mit der Absicht, sie als selbständige einzeln zu stellen und stehen zu lassen, findet ein äs-
thetisch Gebildeter schlechthin widersprechend und unmöglich[1]). Andere finden (und gewiss mit mehr Recht, und gleichfalls nicht vom philologischen, sondern vom rein dichterischen
Standpunkt aus), dass Sophocles durch sein Beispiel δρᾶμα
πρὸς δρᾶμα ἀγωνίζεσθαι einem argen Verderben der tragischen
Kunst gesteuert habe; und wir dürfen keck behaupten, dass
diess auch die Meinung des Aristoteles war (den sich doch
Schöll als ästhetischen Critiker wohl wird gefallen lassen),
denn Aristoteles erwähnt bekanntlich nirgends der Tetralogie;
er, der doch seine dramatische Poetik auf Sophocles' und Euripides' Stücken aufbaute. Einen so engen Zusammenhang —
ob man ihn nun als Fabeltrilogie oder als thematisch bedun-
genen geltend machen will — sollte der grosse Kunstrichter
nicht einmal erwähnt haben? Ja, selbst wenn man Schöll zugeben will, dass der Wettkampf mit den Tetralogieen bis zu
Sopohocles Tode gedauert habe, das heisst, von anderen unbe-

---

[1]) Freilich scheint Theod. Vischer ähnlicher Ansicht zu sein in seinem Aufsatz: Zur Vermittlung der classischen Philologie u. s. w." in der Bei-
lage zur Allgem. Augsb. Zeitung 1861, Nr. 186—189.

deutenderen Dichtern nach der Tradition fortgeführt worden sei, dass also die Stelle bei Suidas [1]) nur ein aufgeben *dürfen* der ächyleischen Kunstform, je nach Belieben des Dichters, besage (vgl. Welcker Trilog. p. 83 und Leop. Schmidt p. 225), selbst dann und gerade dann beweist Aristoteles' Schweigen, dass Sophocles sich von jener Kunstform für seine Person emancipirte und dass, neben dieser grossen und allein kunstgerechten Neuerung, der grosse Philosoph etwaige manquirte Nebenläufer im alten Geleise der Erwähnung nicht für würdig fand. Nach ihm (das heisst nichts anders als nach den vorliegenden Meisterwerken der dramatischen Sonnenhöhe) muss jedes Drama (Poet. c. 7) ἀρχὴν καὶ μέσον καὶ τελευτὴν haben, *hat* also auch diese drei Haupttheile. Wie nimmt sich daneben die Schöllsche Trilogietheorie aus? Wie besteht ferner beispielsweise das Mitttelstück der Orestie, die Coephoren, neben der Forderung des Aristoteles (die er gleichfalls nicht theoretisch in's Blaue hinein, sondern auf die solide Unterlage der vorhandenen Musterstücke stellte), das ἔργον τῆς τραγωδίας sei ἢ παθεῖν δεινὰ ἢ ποιῆσαι (Poet. c. 13)? Ferner, ein äusserer Grund, wenn unbestreitbar sicher ist, dass der Zusatz τύραννος zum ersten Oedipus erst einer späteren Zeit verdankt wird [2]), zum Unterschied vom später fallenden Οἰδίπους ἐν Κολώνῳ, wie würden nun die Stücke der angeblichen Trilogie gelautet haben? I) Οἰδίπους II) Οἰδίπους ἐν Κολώνῳ III) Ἀντιγόνη. Doch gewiss eine sehr ungeschickte Unterscheidung der beiden ersten Stücke, die man Sophocles nicht zumuthen sollte! — Neben Aristoteles kommen nun aber als nicht zu verachtende Zeugen die Didaskalien in Betracht, deren Glaubwürdigkeit man doch auch nicht mit einem Federstrich beseitigen kann, bevor man nur weiss, aus welcher Quelle sie geflossen sind; jedenfalls stand ihnen doch die ächte und ursprüngliche Ueberlieferung,

---

[1]) welche ihr volles Gewicht behält, denn Volkmann hat de Suidae biogr. bewiesen, dass Suidas seine litter. Notizen sämmtlich aus keiner geringeren Quelle als Aristoteles geschöpft hat.

[2]) Aristot. Poet. c. 14, citirt ganz einfach ὁ Σοφοκλέους Οἰδίπους, wo er den τύραννος meint.

die, seit Aristoteles Untersuchungen, in wichtigen Fragen kaum
Zweifel zurückliess, näher als uns; und wenn nun diejenigen
zum Oedipus rex sich äussern, dieser sei πρότερος genannt
worden διὰ τοὺς χρόνους, ἅτε πρότερον διδαχϑείς; diejenigen
zum Coloncus ferner, dieser sei συνημμένος πως τῷ τυράννῳ —
so sind das Winke, welche sonst pflegen beachtet zu werden,
wenn man den Kopf nicht von Vorurtheilen und Lieblingsideen
eingenommen hat. Auch ist, was äussere Zeugnisse betrifft,
die Reihenfolge der Sophocleischen Stücke, welche der Lau-
rentianus bietet, nicht zu unterschätzen. Zwischen dem König
Oedipus aber und demjenigen auf Colonus liegen hier noch die
Trachinierinnen und Philoctet, und diess dürfte auch als Criterium
gegen diejenigen gebraucht werden — um diess beiläufig zu
erwähnen — welche das letztgenannte Drama Philoctet der Zeit
nach viel weiter gegen den Anfang der dichterischen Laufbahn
des Sophocles hinauf rücken wollen. Die Schwächen dieses
Stückes lassen sich (vgl. Hermann Culturgesch. p. 170) ähnlich wie bei Aristophanes aus der Abspannung nach dem si-
cilianischen Unglück erklären: wie der grosse Comiker dann
noch einmal aufflammt in den „Fröschen"; so auch Sophocles
in seinem Oedipus Coloneus. — Endlich lassen die Berichte
eines Cicero, Plutarch, Lucian und Valerius Maximus, auch der
Verfasser des βίος Σοφοκλ., den Dichter erst im Greisenalter
seinen Coloneus dichten; und wenn nun allerdings bei einer Le-
bensdauer, welche die neunzig überschreitet, der Ausdruck „Alter" noch einen ziemlichen Spielraum zulässt, so ist doch so
viel gewonnen, dass der Oedipus rex und die Antigone vom
Coloneus zeitlich, also auch in ihrem behaupteten trilogischen
Zusammenhang, zu trennen sind. Denn dass die vorhin genannten Autoren mit der Nachricht von der späten Abfassung
des Coloneus noch eine andere, wenig glaubwürdige, von der
Prozessgeschichte zwischen Vater und Sohn, in Zusammenhang bringen (wovon später), thut der Glaubwürdigkeit der ersteren nicht den mindesten Eintrag: Wäre die ganze Historie
auch nichts als eine Erfindung der Comödie, der Ausfluss lie-
benswürdiger Collegialität irgend eines dionysischen Kunst-
genossen, so musste der Witz oder die Verläumdung um einen

Kern der Wahrheit herum gewickelt werden, wenn sie nicht
alle Kraft und alles Salz verlieren sollten; eine gute Erfindung (oder auch eine schlechte) im Gebiet des Humors und
wie nun seine Schatten- und Abarten heissen mögen, wuchert
immer mit einem wirklich vorhandenen Keim, sie baut weiter
auf einer unbestrittenen Basis, und als solche bleibt, für eine
unbefangene Critik, die Abfassung des Oedipus auf Colonus im
hohen Alter des Dichters zurück, und zwar *mindestens* dieses.
Von Euripides haben die Comiker bekanntlich entsetzliche, haar-
sträubende Dinge gefabelt, und doch gab er zu allen irgend-
wie, wenn auch ohne sein Verschulden, einen reellen Anlass,
der, so geringfügig und nichtssagend, so unschuldig und harm-
los er sein mochte, mit behaglicher Verläumdungssucht ausge-
beutet und ins Ungeheuerliche ausgesponnen wurde. Das war
eben für ein athenisches Publikum das Amüsante, der Reiz an
der Sache, diese famosen und fabulosen Klatschereien aus gering-
fügigen Ursachen entstehen zu sehen und von ihrem Höhepunkt
wieder zurückzuverfolgen bis zur winzigen cause célèbre; wäre
diess nicht der Fall, wäre es nicht möglich gewesen, die Athener
müssten sich bei reinen blossen Lügen fürchterlich gelangweilt
haben — und davor hatten sich die Herren von der Comik wohl
zu hüten. Also muss, wenn nicht ein ganz aussergewöhnlicher
Faktor mitspielen soll, welchen keine Critik annehmen darf,
auch bei Sophocles das oben erwähnte Residuum zurückblei-
ben, sonst ist die ganze Geschichte sinnlos, so sinnlos, dass
sie nicht einmal dem elendesten griechischen Erzähler, geschweige denn einem Comiker der guten Zeit aufgebürdet werden darf.

   Vier Jahre nach Sophocles Tode sei die Tragödie aufgeführt worden, heisst es in den Didascalien — eine Zeitbestimmung so klar und bestimmt, so unverfänglich und tendenzlos, dass
jede Anticritik ihr gegenüber verstummen muss. Eine mehr
allgemeine Angabe, wie die oben erwähnte vom „Greisenalter"
des Sophocles mag man nach Belieben um zehn, zwanzig Jahre
mehr zurück oder vorwärts legen, hier aber, an einem bestimmten Datum, prallt jedes subjektive Ermessen ab. Und man
merke wohl, der Oedipus Coloneus und dieser allein, nicht

Oedipus rex und Antigone zugleich, ist damals aufgeführt worden. Sehen wir einen Augenblick ab von der Frage nach der
Trilogie, so gestehe ich, auch diejenigen nicht zu begreifen,
welche den Coloneus nicht für das späteste Stück des Dichters halten, wie z. B. Ottfr. Müller, welcher (Eumen. p. 172)
den Sophocles die späteren, *nach* dem Oedip. Coloneus geschrie-
benen Stücke rascher und weniger sorgfältig ausarbeiten lässt!
Auch Böckh nimmt (ind. lect. Berol. 1826) einen Zeitpunkt an
(Olymp. XC, 1) welcher sich zwar im Nothfall noch mit der
„summa senectus" des Dichters vertrüge, nimmermehr aber mit
jener Didaskalie. Denn dass das Stück dann während zwanzig und mehr Jahren im Pulte des Dichters sollte gelegen haben, eines dramatischen Dichters, welcher alljährlich auf einen
Wettkampf angewiesen war, dass es sollte auf die letzte Feile
gewartet haben, während alle Jahre neben ihm ein neues Stück
das Licht der Oeffentlichkeit erblickte — das widerspricht so
sehr aller antiken Schriftstellerei (wenn man das Wort hier
gebrauchen darf), dass es unmöglich als Auskunftsmittel angewandt werden darf. Noch viel weniger besteht natürlich mit
jener Didaskalie die Annahme derjenigen, welche, wie Hermann
und Reisig, das Stück noch weiter hinauf, in den Anfang des
peloponnesischen Krieges rücken, oder wie Bernhardy (gr.
Litteraturgeschichte, 1845, p. 808) unbestimmt es in „weit
früheren Zeiten" entstehen lassen, als die „vielfach geschmückte"
Sage glauben macht. Und doch hat selbst Schöll sich dem
Eindruck der bestimmten Angabe jener Didaskalie, von wem
und unter welchem Archon der Coloneus aufgeführt worden
sei, nicht ganz verschliessen können! er giebt wenigstens die
Wiederaufführung durch den Enkel zu. Aber diess ist natürlich ein ebenso bequemer als im Grunde nichtssagender Ausweg, immerhin jedoch ist er noch erträglich zu nennen gegenüber dem Auskunftsmittel, welches derselbe Schöll mit der
Antigone vornimmt, um sie für seine Trilogie „Oedipus" zu
gewinnen: sie soll nämlich, nachdem sie zuerst im Jahr 441
aufgeführt worden — denn diesem Factum darf selbst Schöll
nicht widersprechen — später zum Zweck jener trilogischen
Vereinigung mit Oedipus rex und Oedipus auf Colonus eine

Umarbeitung erfahren haben. Das behauptet er, dem System zu lieb, ohne dass ihn auch nur die Spur einer alten Nachricht (die doch sonst über Antigone nicht eben spärlich fliessen) unterstützte! Aber ist es doch gerade Antigone, welche (um von inneren Zeugnissen zu sprechen) all den aufgewandten Schweiss für Herstellung der „Oedipustrilogie" droht zu Schanden werden zu lassen. Zumeist ist es der Charakter des Creon, der in den beiden Dramen — Antigone und Oedipus Coloneus — so durchaus verschieden gezeichnet erscheint, dass im Rahmen einer Trilogie dergleichen unmöglich vorkommen konnte (diess hat schon Süvern bemerkt, vgl. auch Schneidewin Einleitung zu Oedip. Col. p. 13, I. Aufl., der mit Recht theils in den beiden Creon, wie sie einerseits der Oedipus rex, anderseits der Oedipus Coloneus bietet, andere Farben erblickt, theils aufmerksam macht auf die Verschiedenheit gewisser Orakel in beiden Stücken, die sich gleichfalls mit trilogischen Begriffen nicht reimen lässt). Vollends unbegreiflich wäre es nach der handgreiflichen Abfertigung des Oheims im Coloneus, wie zu dessen Sohn Hämon Antigone in ein Liebesverhältniss treten könnte; die Antecedenzien des zukünftigen Schwiegervaters mussten fürwahr in der Schwiegertochter liebliche Erinnerungen wachrufen! Ferner: In der Antigone (v. 48 seqq.) ist der Tod des Oedipus gleichzeitig gesetzt mit der Entleibung der Jokaste (vgl. besonders auch v. 900 seqq); gleich nach Oedipus Tode ferner gelangen die beiden Söhne zum Throne — wie sehr verschieden von der Vorstellung, die im Oedipus Coloneus herrscht, wornach der unglückliche König noch eine Reihe von Jahren als Blinder in Theben verweilt und einer der Söhne ihn in der Verbannung um Hülfe anspricht!

Auch der bekannte Ausspruch W. Schlegel's, wornach die drei Theile einer Trilogie sich wie Satz, Gegensatz und Vermittlung verhalten, würde sich, abgesehen von der Frage, ob überhaupt mit solchen allgemeinen principiellen Distinctionen sich für die Praxis viel gewinnen lässt, auf die sogenannte Oedipustrilogie nicht anwenden lassen (die beiden ersten Kategorieen wohl, nicht aber die durch „Antigone" herzustellende „Vermittlung") — noch weniger aber Schöll's Postulat, welcher im mittleren Drama eine Steigerung verlangt. Wohl darf und muss man zugeben, dass der Charakter des „Dulders" selbst hie und da Ecken und Härten im Coloneus herauskehrt, die wir im Oedipus rex nicht gewahren, dass er mit unnachsichtiger, furchtbarer Strenge gegen sein eigen Blut verfährt — eine Strenge, die ihm auch von Moritz Rapp (Gesch. d. griech. Schauspiels) den Namen eines „Rabenvaters" zuzog; aber alle jene Ausbrüche seines heiligen Zornes sind doch nicht im Mindesten ein Ausfluss seiner Rachgier, sondern sie geschehen im Gefühl seines Rechts, im Bewusstsein unverschuldeter Misshandlung Seitens derjenigen, welche, durch Verletzung ihrer Pflichten gegen den Vater, sich selbst, und das Vaterland, die Dike, die Erinnyen und den Ares heraufbeschworen hatten, und, was doch im Grunde allein eine Steigerung bedingen kann, die grenzenlose Verblendung, welche zu dem Schreckensgemälde im Oedipus rex die Hauptfarben liefert, ist im Coloneus vollständig verschwunden; auch die Grösse der Schuld erscheint hier in ganz anderem, milderem Licht, sie steigert sich keineswegs, sondern ist gedämpft, abgeblasst zu einem verschwindenden Minimum. Im „König Oedipus" lag, wenn auch nicht die ganze Last der Schuld, so doch ein schwerer Theil Mitschuld auf den Schultern des Unglücklichen; der Coloneus fühlt sich so zu sagen von Schuld frei, wie diess die Verse 521, 548, 271, wie es die Ausdrücke ἔργα ἄκοντα (241) ἔργα πεπονθότα (266) ἄκον πρᾶγμα (977) beweisen, und wie dies auch vom Chor (v. 1565) zugestanden wird. Von diesem Standpunkt aus meint denn auch Klein (in der oben angeführten Schrift), freilich übertreibend und mit falscher Anwendung des modernen Gefühls auf antike Anschauung, der Oedipus Coloneus, welcher sich selbst unschuldig nenne, enthalte die glänzendste Verdammungscritik des „Königs Oedipus", dessen Idee „ebenso ungöttlich, wie unmenschlich, und daher unsittlich sei," ganz im Einklang mit den düsteren Worten des Göthe'schen Harfners:

> Ihr lasst den Menschen schuldig werden,
> Dann übergebt ihr ihn der Pein,
> Denn alle Schuld rächt sich auf Erden —

(Er hätte auch statt des deutschen Dichters den Sophocles selber, in unserem Drama, anführen können, wo Antigone v. 252 seqq. sagt:

οὐ γὰρ ἴδοις ἂν ἀθρῶν βροτόν, ὅστις ἂν,
εἰ θεὸς εἰς βλάβην
ἄγοι, 'κφυγεῖν δύναιτο.

Wir werden später auf diese Auffassung des Sophocles, welche nach Klein's Ansicht auch „ganz im Widerspruch mit äschyleischer Tragik" stehen soll, zurückkommen).

Selbst was Schneidewin annimmt „moralische wie poetische Gerechtigkeit" hätten den Dichter „gezwungen" den Oedipus Coloneus als den „geraden Gegensatz" zum „König Oedipus" zu liefern, kann ich nicht annehmen. Man dürfte es dann dem Sophocles doch wohl zum gerechten Vorwurf machen, dass er diese Gerechtigkeit mehr als zwanzig Jahre auf sich warten liess, und hätte zu einer solchen erst kein rechtes Zutrauen. Oder sollte der Dichter erst in einem so hohen Alter, welches er kaum erwarten durfte, zu jener Ueberzeugung gekommen sein? Und wenn er nun früher gestorben wäre, so wäre also jene Gerechtigkeit ausgeblieben? .... Dergleichen Voraussetzungen, die allzutief in die psychologische Verfassung einer Dichterseele heruntersteigen, führen zu bedenklichen Consequenzen. Auch muss man sich hüten, im Oppositionseifer gegen die Trilogie zu weit hergeholte Gründe ins Feld zu führen, die, wenn man recht zusieht, eher dem Feind eine Waffe liefern. Sehe ich recht, so ist diess Schmalfeld in seiner sonst vortrefflichen Abhandlung begegnet, wenn er folgendermaassen argumentirt: König Oedipus hat keinen anderen Gehalt, als die göttlichen Veranstaltungen auseinanderzusetzen, durch welche eine frühere Schuld des Oedipus ihrer Entdeckung und Sühne entgegengeführt wurden — *er weist also auf ein früheres Stück zurück, kann also nicht No. 1 einer Trilogie sein* .... „Gut", werden die Trilogisten sagen, „also No. 2, immerhin der Bestandtheil einer Trilogie!" — Nun aber heisst es (und gewiss mit Recht) im Briefwechsel zweier Männer, welche sich wie wenige mit der Natur und Oeconomie der tragischen Kunst abgegeben und wahre Musterwerke in dieser Gattung hinge-

stellt haben — im Schiller-Göthe'schen Briefwechsel heisst
es an einer Stelle (III. 290): „Die Vortheile des Oedipus (rex)
sind unermesslich, wenn ich auch nur des einzigen erwähne,
dass man die zusammengesetzteste Handlung, *welche der tragischen Form ganz widerstrebt,* dabei zu Grunde legen kann, indem
diese Handlung ja schon geschehen ist und mithin ganz *jenseits der Tragödie fällt".* — Auf ebenso schwachen Füssen steht
Schmalfeld's fernere Schlussfolgerung, dass allerdings noch ein
drittes Stück habe folgen müssen, woran das dreitheilige Orakel konnte wahr gemacht werden 1) dass Oedipus seinen Vater
tödten, 2) sich mit seiner Mutter vermählen, 3) *ein Greuelge-
schlecht erzeugen werde.* Als ob das letztgenannte der dramatische
Kern des Oedipus Coloneus wäre! Recht aber hat Sch., wenn
er behauptet, dass das Ende des Oedipus rex *nicht* auf den
Coloneus deute, trotzdem, dass jener sagt, sein Tod sei ihm
vom Gott als ein ungewöhnlicher dargestellt worden; denn —
sagt Sch. — Oedipus glaubte seinen Tod im Heimathland auf
dem Kithæron zu finden, von den σεμναί θεαί und ihrem Hain
verlautet nichts in jenem ersten Stück. — Ich möchte noch weiter gehen: Selbst *wenn* er dort auf jenen Tod hindeutete, der
ihm im Coloneus zu Theil wurde, so wäre diess noch weit
entfernt von einem Beweis für den Zusammenhang beider Stücke
in einer Trilogie. Ich erinnere mich, dass der selige C. Fr.
Hermann einmal gesprächsweise gegen mich äusserte, das Suchen und Jagen nach vorbereitenden andeutenden Stellen am
Schluss der griechischen Dramen mahne ihn immer an den
Schluss der Schiller'schen „Maria Stuart", denn aus den Worten:
Der Lord
Lässt sich entschuldigen, er ist zu Schiff nach Frankreich —
könne man mit demselben Recht (oder Unrecht) auf ein fer-
neres Schiller'sches Stück schliessen, betitelt „Lord Leicester
in Frankreich".

Aehnlich verhält es sich übrigens, worauf schon Süvern
aufmerksam gemacht hat, mit den Shakspeare'schen Tragödien
aus der englischen Königsgeschichte, und (um beim Alterthum
zu bleiben) mit den beiden Euripideischen Iphigenien — lauter
Stücke verwandten Inhalts, die zwar, objectiv, in historischem,

aber desswegen nicht auch, was ihre Abfassung betrifft, in
chronologischem Zusammenhang stehen. —
Ich habe die metrischen und rhythmischen Gründe, welche
gegen einen trilogischen Zusammenhang mit Oedipus rex und
Antigone, respect. für eine spätere Abfassung des Oedipus Coloneus sprechen, bis an diese Stelle verspart, nicht, weil ich glaube,
dass darin gerade der endliche und vollgültige Entscheid zu suchen
sei, sondern weil sie die anderen, schwerer wiegenden Momente
denn doch einigermaassen verstärken. Denn was jene betrifft,
so hat O. Müller (zu den Eumen. p. 172) nicht mit Unrecht
vor den Argumenten aus der Form „als beruhten diese auf
physischer Nothwendigkeit", gewarnt, anderseits aber darf doch
einem Zusammenstimmen *mehrerer* formeller Factoren die Kraft
eines Criteriums nicht abgesprochen werden. Doch auch hier
sehen wir namhafte Autoritäten zu verschiedenen Resultaten
gelangen. Während G. Hermann behauptet, dass der Vers-
bau im Coloneus als äussersten Zeitpunkt abwärts Olymp. 89
gestatte, stimmt Rossbach (Metrik p. 147 seqq. vgl. auch
p. 28, 70, 273, 487 und Schmalfeld Zeitsch. f. Gymnas. XIII,
5, p. 381) für eine spätere Zeit. Die hauptsächlichsten metrischen Punkte und Eigenthümlichkeiten, welche hier in Betracht kommen, sind folgende: die Zahl der Auflösungen, der
Apostroph am Ende eines Verses (wobei zu bemerken, dass
die Nachricht bei Athenæus X, 453 E, als hätten Sophocles
und Euripides diese Licenz sich aus der γραμματικὴ τραγωδία
des Callias entnommen, als irrthümlich schon längst nachge-
wiesen ist), die Vertheilung *eines* Verses unter zwei und mehr
Personen, das Vorkommen des trochäischen Tetrameters mitten
im Stück, was sich Sophocles nur im Oedipus Coloneus und
im Philoctet gestattete. — Nun ist die Anzahl der Solutionen
nicht unter allen Umständen beweiskräftig, sonst müsste freilich
der Philoctet mit seinen 120—130 der Zeit nach noch später als der Coloneus fallen, der nur ungefähr achtzig derselben
enthält, freilich immerhin das Doppelte dessen, was die Antigone aufweist. Trügerisch ist auch mehr oder weniger die
Elision am Ende eines Verses, wollte man sie allein entscheiden lassen, denn dann müsste nothwendig der Oedipus rex mit

seiner Fünfzahl (v. 29, 332, 785, 1184, 1224) das späteste aller
bisher erwähnten sophocleischen Stücke sein. Der Philoctet
dagegen, welcher jene Eigenthümlichkeit kein einziges Mal
aufweist, das früheste (vgl. Gruppe Ariadne p. 264 seq.). Im
Coloneus findet sich die Elision zweimal (v. 17 und 1164), in
der Antigone einmal (v. 1031). Bei einer so grossen Anzahl
von Versen, aus denen ein jedes Drama besteht, will dieses
Argument, das ja selbst in der Fünfzahl relativ ein Minimum
ist, nicht viel bedeuten. Viel schwerer wiegt dagegen, im strengen Organismus des griechischen Drama, das Zerlegen des
Trimeters in zwei und mehr Theile ($\dot{\alpha}\nu\tau\iota\lambda\alpha\beta\dot{\eta}$), welches im sprö-
den gewissermaassen herben Bau der Antigone nie angetroffen
wird, während der Coloneus und Philoctet solcher zerstückter
Verse ($\pi\alpha\varrho\acute{\alpha}\gamma\varrho\alpha\varphi o\iota$) eine ganze Menge aufweisen. Diese Lo-
ckerung eines früher streng gegliederten, vorsichtig und syste-
matisch abwägenden, straff zusammenhaltenden Rhythmus kann
in keiner augenblicklichen Laune und Vorliebe des dichtenden
Subjects ihre Erklärung finden, sondern lediglich in einer Macht,
deren auflösender Wirkung auch die Objecte sich nicht ent-
ziehen können — der Zeit. Wer ihren Einfluss in diesem
Punkte nicht anerkennen wollte, müsste nicht nur im Allgemeinen eine in jeder Kunstentwicklung sich wiederholende Erscheinung läugnen, er müsste auch speziell gegenüber *griechischer*
Kunstart einen ganz eigenthümlichen, von Niemand getheilten,
Standpunkt des Urtheils einnehmen. Und so muss denn auch
G. Hermann's Ausspruch „mira est *ubique* sententiarum, dictionis,
numerorum vis et *gravitas* …" was die numeri betrifft, beschränkt
werden. Mit dieser laxeren Behandlung der rhytmischen Form
darf wohl auch in Zusammenhang gebracht werden die Anwendung eines vierten Schauspielers, der ja eigentlich auch
ausserhalb des engen Kreises der knappen Mittel dramatischer
Oeconomie bei den Griechen fällt. Denn dass es für die Rolle
des Theseus, sollte dieser nicht in mehrere Hände fallen, eines
ausserordentlichen Schauspielers bedurfte, ist bereits von anderen bemerkt (vgl. C. F. Hermann de distribut. person. p. 63.
Not. 40, und andere Litteratur bei Geppert, d. altgriechische
Bühne p. 67, Not. 1). Zwar heisst es auch von Aeschylus, er

habe im Agamemnon ein παραχορήγημα angewandt, nämlich Pylades, in den Choephoren 900—902, der also drei Verse zu sprechen hat! Dazu passt denn auch die Charakteristik bei Pollux IV, 110 εἰ δὲ τέταρτος ὑποκριτής τι παραφθέγξαιτο τοῦτο παραχορήγημα ἐκαλεῖτο. Dagegen ist die Rolle des Theseus im Coloneus doch gewiss für ein „παραφθέγγεσθαι" viel zu umfangreich, sie verlangt eine wirkliche schauspielerische Leistung, — auch diese Eigenthümlichkeit also, die meines Wissens in der früheren Dramatik kein Analogon hat, weist den Coloneus einer späteren Zeit zu.

Gegen alle diese äussern und innern, theils auf directen alten Zeugnissen beruhenden, theils aus formellen Factoren entnommenen Gründe führen nun die Vertheidiger einer früheren Entstehungszeit den Inhalt der Tragödie in die Schranken als in letzter und höchster Instanz entscheidend.

Nach ihnen soll aus einer Anzahl von Stellen sich ein Verhältniss zwischen Athen und Theben ergeben, wie es notorisch nicht nur nicht am Ende der Sophocleischen Laufbahn, sondern während des ganzen peloponnesischen Krieges nie bestand. Schluss: die Tragödie muss also mindestens gegen die Anfänge des Krieges hinaufgerückt werden, wo noch Hoffnung war, Theben zu gewinnen. Dagegen könnte nun füglich eingewendet werden, dass Sophocles, wollte er überhaupt in Politik machen, immer und zu jeder Zeit während des Krieges sich dürfte veranlasst gefunden haben, das Seinige dazu beizutragen, um die feindliche Stimmung der beiden Staaten in eine freundlichere zu verwandeln. Allein es bedarf dessen gar nicht.· Denn mögen immerhin Verse wie 631 seqq. (ΘΗΣΕΥΣ· τίς δῆτ' ἄν ἀνδρὸς εὐμένειαν ἐκβάλοι τοιοῦδ' ὅτου πρῶτον μὲν ἡ δορύξενος κοινή παρ' ἡμῖν αἰέν ἐστιν ἑστία;) v. 919 seqq. (καίτοι σε Θῆβαί γ' οὐκ ἐπαίδευσαν κακόν· οὐ γὰρ φιλοῦσιν ἄνδρας ἐκδίκους τρέφειν), v. 929 (σὺ δ' ἀξίαν οὐκ οὖσαν αἰσχύνεις πόλιν scil. Θήβας) oder v. 937 seq. (ἀφ' ὧν μὲν εἶ φαίνει δίκαιος — scil. Θηβαίων-δρῶν δ' ἐφευρίσκῃ κακά) — mögen solche Verse immerhin gedeutet werden als im Widerspruch stehend mit feindlicher Stellung beider Staaten — es liessen sich, wenn es überhaupt nöthig wäre, ihnen andere entgegenhalten, wo·

die σπαρτοὶ ἄνδρες übel genug wegkommen, Nöthig ist es
aber darum nicht, weil diese Einzelheiten gar nicht in Betracht
kommen gegen die ganze Haltung, gegen Idee, Entwicklung
und Ausgang des Drama's, das, will man Tendenzen suchen,
doch wahrlich als ein wahres antithebanisches Tendenzstück
in bester Form erscheinen muss. Denn wo der Repräsentant
des thebanischen Staates so übel wegkommt, wie hier, wo er
und seine ganze Staatsklugheit so schnöd nach Hause geschickt
werden und neben dem ideellen Gehalt — der Verherrlichung
athenischer Humanität — die materielle Thatsache einer ein-
stigen Niederlage der Thebaner auf attischem Boden — ὅτι
σφ' ἀνάγκη τῇδε πληγῆναι χϑονὶ — in buntester Variation neben-
herläuft und in unzweideutigster Weise die Motive der Aufnahme des Oedipus verstärkt und somit den dramatischen Knoten
wesentlich schürzen hilft — da braucht man sich wahrlich für
die Entstehungszeit nicht nach einer Periode freund-nachbarlichen
Verhältnisses zwischen beiden Staaten umzusehen, und die Frage
könnte sich höchstens umkehren, nämlich: wie können in ein
Drama von so entschieden antithebanischer Tendenz Verse wie
die obengenannten hineingerathen? Hiebei mag man immerhin
an Einschiebsel des Enkels glauben (wie C. F. Hermann) oder
auch der Schauspieler. Denn dass diese sich hie und da Aenderungen erlaubten, ist durch Nachrichten aus dem Alterthum
selbst (vgl. Schol. zu Eurip. Phœniss. v. 264) ausser Zweifel
gesetzt; wäre es nicht der Fall, so hätte die vielbesprochene
Maassregel des Lycurg (οὐκ ἐξεῖναι γὰρ — sc. τοῖς ὑποκρινομένοις-
παρ' αὐτὰς *) ὑποκρίνεσϑαι gar keinen Sinn. Warum sollten
sie im Coloneus nicht „veränderten Zeitumständen" diese kleinen
Concessionen gemacht haben? Dergleichen wird nie mit apo-
diktischer Sicherheit zu bejahen oder zu verneinen sein;
aber man wird doch wenigstens an der Gilde der antiken
Schauspieler sich nicht versündigen, wenn man ihnen zumuthet,

---

*) So muss wohl die Stelle, mit Heinrich ad Juven. I, p. 19 gelesen wer-
den. Die Controverse über die Bedeutung des παραναγιγνώσκειν berühren
uns hier nicht.

sich hie und da kleine politische Anspielungen, immerhin im
Geschmack der Zeit und des Publikums, erlaubt zu haben, wie
diess ja die unsrigen auch thun, selbst auf die Gefahr hin
einem strengen Intendanten zu missfallen. Es wäre sehr gut
und zum Vortheil des Sophocles, wenn man ihnen in unserem
Drama noch weitere umfangreichere Einschiebsel auf Rechnung
schreiben dürfte, wie z. B. manches aus dem Dialog zwischen
Oedipus und Chor 461 seqq., betreffend die cathartischen Ge-
bräuche (welchen Schöll bis zu v. 509 verwirft, d. h. für Einschiebsel des Enkels erklärt) und die Anfangsverse 336 seqq.,
wo der greise Dulder plötzlich anfängt in sehr gelehrter, d. h.
sehr unpassender Weise in's Gebiet der Aegyptologie zu streifen.
Wer aber glaubt, dass Sophocles, der grosse, selber jene the-
benfreundlichen Verse geschrieben habe, wird kaum mit stich-
haltigen Gründen widerlegt werden können; es läuft mehr auf
eine Gefühlssache heraus, ob man sie ihm zumuthen will oder
nicht; und nicht einmal die principielle Entscheidung der Frage,
ob überhaupt die alten Dichter sich je nach *ihrer* politischen
Stellung oder derjenigen ihres engeren Vaterlandes Tendenz-
poesie erlaubt haben, würde nach irgend einer Seite hin eine
zwingende Kraft für jene Verse haben, denn am Ende ist ja doch
der Hauptheld unseres Drama's auch ein Thebaner, so dass
man immerhin argumentiren könnte: wo das möglich ist, sind
auch einige Verse zum Lob der Thebaner im Allgemeinen wenig
auffallend. Ich zwar möchte dieses Argument nicht gebrauchen,
weil ich die Verse wirklich für nachträglich eingeschoben
halte und weil ich den Haupthelden Oedipus, der allerdings
ein Thebaner ist, in dieser Frage so fasse, dass er denn doch
mit dem Regiment in Theben in directer Opposition steht.

Für mein Gefühl stimmen die Verse nicht harmonisch zum
Text, zum Grundton des Ganzen. Weit entfernt zwar zu glauben, dass Sophocles seinen Stoff Oedipus gewählt habe als
dichterische Waffe gegen Theben, dass er also mit Absicht
und Ueberlegung politische Poesie gepflegt habe, ist meine
Ansicht von der Enthaltsamkeit der griechischen Dichter auch
keine so überaus strenge, dass ich sie (wie z. B. Schneidewin) für
wahre Asceticker in dieser Sache halte. Ich glaube, sie suchten

allerdings nicht geradezu die Politik als Motiv und durchzu-
führende Färbung auf, aber wo sie sich ungesucht und natürlich bot, da woben sie dieselbe auch mit mehr oder weniger
kräftigem Einschlag ins Ganze und thaten nicht spröde damit.
Ihre Stellung als Staatsbürger war eine andere als die unsrige,
ihr Staat ein anderer, ihre dramatische Poesie eine vom Staat
unterstützte, jährlich gleichsam garantierte, — sie musste also
auch eine von unseren Anschauungen in gewissen Punkten ab-
weichende sein. Sie waren und galten in viel höherem Grade
als „Lehrer des Volks", sie neben und mit den Rednern. Soll-
ten sie allein den Charakter des Griechen, als eines $\zeta\tilde{\omega}o\nu$ πo-
$\lambda\iota\tau\iota\varkappa\dot{o}\nu$ in vornehmer Ueberhebung abgestreift haben? War
ihnen doch der Staat nicht nur ein politisches Institut, son-
dern fand in seinem Umfang Platz für vieles, das jetzt nicht
mehr in seine Sphäre fällt. Auch war das Weltbürgerthum
damals noch nicht erfunden, und die socratischen Ideen er-
freuten sich im Allgemeinen keiner grossen Propaganda. Zwischen Vaterländischem und speziell Politischem war auch damals noch keine scharfe Grenzlinie gezogen, beide Gebiete
mehr identisch als bei uns. In neuerer Zeit hat Süvern, der,
wenn ich nicht irre, zuerst in wissenschaftlicher Erörterung
die Frage nach dem Hinüberspielen der Politik ins griechische
Drama bejaht hat, einen warmen, freilich viel weiter gehenden
Vertheidiger gefunden in Klein (i. o. a. B.), welcher behauptet,
„Die attische Tragödie war wie die Comödie durch und durch
Politik, nur dass sie die politischen Farben unzerlegt trug, wie
der weisse ungebrochene Lichtstrahl die prismatischen Farben",
ferner: „Politische Feuerfunken sprühen (im griechischen
Drama) aus jedem Wort, jedem Accent" (p. 356); daneben po-
lemisirt er tapfer gegen „alte Schulweisheit und alten Zopf",
welcher diess nicht einsehen will. Gegenüber dieser Ausdeh-
nung bekenne ich mich allerdings auch zur „alten" Schule,
glaube aber gern der „alten" Nachricht, dass $\pi o\lambda\lambda\alpha\chi o\tilde{\upsilon}$ $\tau\rho\alpha\gamma\iota\varkappa o\grave{\iota}$
$\tau\alpha\tilde{\iota}\varsigma$ $\pi\alpha\tau\rho\acute{\iota}\sigma\iota\nu$ $\chi\alpha\rho\acute{\iota}\zeta o\nu\tau\alpha\iota$ $\acute{\epsilon}\nu\iota\alpha$ das heisst, dass die Dramatiker
vielfach die Gelegenheit zu Anspielungen und Beziehungen
auf näher liegende Zustände und Begebenheiten benützt haben
(Süvern, histor. Charact. d. Drama's). Dass es aber zugleich

Gebot einer vorsichtigen Critik ist, mit der grössten Zurück-
haltung zu verfahren und lieber — ἐπέχειν, als zu viel finden
zu wollen. Aeschylus' Eumeniden tragen ihre Tendenz (Verherrlichung des Areopag) deutlich an der Stirne, selbst die
Empfehlung eines athenisch-argivischen Bündnisses lässt sich
mit Leichtigkeit aus dem Schluss herauslesen; darum haben
sie doch einen eminenten poetischen Werth, und man braucht
nicht zu glauben, dass der Dichter den ganzen Stoff zu seiner
Trilogie Agamemnon darum gewählt habe, um im dritten
Stück ein politisches Glaubensbekenntniss ablegen zu können [1]).
Die Sache gab sich ihm von selbst und ungesucht genug, ist
aber immerhin nur sekundärer Natur. Schon anders wird es mit
den „Persern", gewesen sein: diese, wie Phrynichus, „Phö-
nissen" und „Eroberung Milet's", unter dem unmittelbaren Eindruck einer gewaltigen, Alles erfüllenden Gegenwart verfasst,
deren ganzes Dichten und Trachten, Denken und Fühlen sich
auf die glücklich beseitigte Gefahr nationaler Vernichtung
richtete und den ganzen Vollgenuss, welchen das süsse Gefühl der Lebensrettung bietet, nach allen Seiten hin und in
allen Spären menschlichen Thuns durchkosten wollte, ehe sie
ihren Geist wieder auf anderes lenkte — Kinder einer solchen Periode konnten nicht anders geartet sein; und „die Zeit ist
ein mächtiger Gott", das wussten und sagten schon die Griechen.
Wer will jetzt noch von „Prometheus" behaupten, dass er ganz
ohne Rücksicht auf die Zustände der unmittelbarsten Gegenwart gedichtet sei? „Die beginnende Ueberwältigung des
Alten in Religion, Weisheit, Sitte und Verfassung durch eine
neuartige Bildung" hat hier ihren Ausdruck gefunden, und in
den Seelenschmerzen des trotzigen Titanen spiegeln sich die

---

[1]) Anm. Es kann uns hier ganz gleichgültig sein, ob Keck's Ansicht die
richtige sei, dass die Versöhnung beider Parteien (des Volks und der
Conservativen) zur Zeit der Aufführung des Stückes sich schon voll-
zogen habe, oder diejenige O. Müller's (p. 116 Eumen.), dass der
Kampf noch nicht beendet gewesen sei (vgl. Curtius Gesch. Griechen-
lands II, 133).

Entwicklungskämpfe einer nach Neuem ringenden Zeit [1]). Aber wer wird diese ächt dichterische Verwebung mythischer Vergangenheit und reeller Gegenwart noch Politik nennen wollen? Was liegt denn dem Dichter, besonders dem dramatischen, heiligeres ob, als Prophet seiner Zeit zu sein und deren Inhalt auch in die alten Formen, in die mythischen Umhüllungen zu giessen? Von da aber bis zu einer speciellen politischen Tendenz ist noch ein gewaltiger Schritt; und wenn ein Dichter jenes konnte, theilweise selbst musste, so brauchte er deswegen nicht auch seine Dichterkunst im Dienste einer politischen Partei oder gar eines Individuums zu verwenden, wie man diess, beispielsweise gerade in unserer Tragödie, dem Sophocles zugemuthet hat [2]). Gewiss ist auch, dass schon die Zeitgenossen je nach Bildung oder Stellung einzelne Anspielungen herausfühlten oder gar hineinlegten, woran der Dichter nicht gedacht hatte, die aber gleichwohl ganz treffend sein konnten, Auch bei unseren Verhältnissen kommt dergleichen vor. Die „Stumme von Portici" und „Wilhelm Tell" liefern jetzt noch Stellen genug, welche immer und immer wieder wie Sprühfunken, aus der unmittelbarsten Gegenwart heraus geschlagen, treffen und zünden. Und so bin ich überzeugt, wenn z. B. je die „Trachinierinnen" bald nach dem Tode eines grossen Mannes aufgeführt worden sind, dass die Worte des Chors v. 1114 seqq.

> ὦ τλῆμον Ἑλλὰς, πένθος οἷον εἰσορῶ.
> ἕξουσαν, ἀνδρὸς τοῦδε γ᾽εἰ σφαλήσεται

stets ein Echo·in den Herzen der Anwesenden gefunden und als wären sie aus der unmittelbarsten Gegenwart geflossen, diese zu sichtbaren oder hörbaren Aeusserungen des Leides hingerissen haben [3]), aber ich möchte nicht (mit Jacob, quæst. Soph.) eine bewusste ʼAnspielung auf Pericles darin finden,

---

[1]) Vergleichungspunkte zwischen „Prometheus" und der „Orestie" siehe bei Köchly, acad. Schriften I, p. 45.

[2]) Aehnliches wissen wir ja auch von der Uebertragung der Schilderung des Amphiaraos auf den unschuldig getödteten Socrates.

denn der Ausdruck des Schmerzes klingt auch in Bezug auf Heracles, dem er dort gilt, so natürlich und ist der Situation so durchaus angemessen, dass er einer Erklärung durch die Gegenwart nicht bedarf. Kehren wir zu unserem Drama zurück, so hat, wenn ich nicht irre, zuerst Lachmann (in Niebuhr's rh. Mus. I, 313 seqq.) ein eigentliches politisches Motiv für dasselbe aufgestellt, nämlich der Dichter habe durch die Erinnerung an das geheime an Oedipus Grabstätte geknüpfte Pfand seinen Mitbürgern beim Beginn des Krieges wie durch eine gute Vorbedeutung Muth einflössen wollen (vgl. C. Fr. Hermann quæst. Oedip. p. 40 seqq. und Schöll, Leben des Sophocl. 169 seqq.). Davon kann nun für uns keine Rede mehr sein, bei einer ganz verschiedenen Zeitbestimmung; dass aber gelegentliche Anspielungen auch in *diesem* Stück sich finden (vgl. Böckh in seinem ersten Progr.: fabula ipsa, cui ex præsente rerum statu more tragicorum quaedam admixta sunt) vielleicht, ja wahrscheinlich noch mehr, als wir gegenwärtig vermuthen, wollen wir gerne glauben. Dazu versteht sich selbst Schneidewin (Vorr. p. 33), und sie zu bezweifeln wäre, schon im Hinblick auf die Parodos 684 seqq., Uncritik. Es kommt hier auf das „Wie viel?" an. Möglich, dass mit der Erwähnung der δορύξενος ἑστία zwischen Labdaciden und Aegiden (v. 632) der Dichter schmerzlich an den Contrast seiner Zeit dachte, dass er sich selbst zunächt im Sinne hatte, wo er seine Heimath als von den Musen und von Aphroditen geliebt schildert (696), wahrscheinlich, dass bei der patriotischen Grundlage des coloneischen Drama's sich die mannigfaltigsten Bezüge und Anspielungen wie von selbst ergaben, so gut wir dies von den „Eleusiniern" des Aeschylus bei gleichen Umständen erwarten dürfen, dagegen sind die den vv. 658 1534 1539 unterlegten Bezüge (vgl. Ausg. v. Schneidew.) schon viel zu gesucht, und was nicht in die Augen springt, dürfen wir nicht wissen wollen. So sehr ich überzeugt bin, dass Sophocles nicht so unpolitisch gewesen wäre, seinen Coloneus gerade zu einer Zeit zu dichten und dem Volke vorzuführen, wo zwischen Athen und Theben lauter Liebe und Freundschaft bestand, oder seine „Antigone" mit ihren prächtigen Theben feiernden Chorgesängen, v. 100 seqq. und 1115 seqq., sechs Jahre früher, als diess wirklich geschah, aufzuführen, das heisst also im Jahre der Schlacht von Coronea, wo die Athener durch die Thebaner eine Niederlage erlitten (Thucyd. I. 113) — so wenig ich ihn für so unpolitisch halten kann, so wenig kann ich den Oedipus Coloneus für ein politisches Drama halten.

Es gibt nun aber auch, scheint mir, Gründe der innersten Natur, welche für eine in's hohe Greisenalter fallende Abfassungszeit des Coloneus zu zeugen scheinen — nicht blos formelle (deren ich weiter unten noch eine Anzahl anführen werde), sondern die ganze Art der Auffassung und Behandlung der dramatischen Mittel, der Geist, der durch die Composition weht. Wohl sind noch einzelne Parthieen von der edelsten, männlichsten Poesie durchglüht und den ersten Produktionen aus der Glanzzeit unseres Dichters ebenbürtig — ich erinnere an die Parodos — über andere dagegen hat sich eine gewisse Kühle, eine Einförmigkeit und Bequemlichkeit gelegt, wie sie mit den schwindenden Kräften des Leibes, dem langsamern Pulsiren des Blutes sich einzustellen pflegt: man fühlt hie und da das allmälige Erlahmen der Schwingen, die Rede hält sich mehr in den Niederungen einer behaglichen Prosa, sie wird breitspurig auf Kosten des Körnigen und Gedrängten, wie es z. B. die „Antigone" bietet, sie tönt nicht mehr so kräftig, wie volles Metall, sondern wie das Echo ferner, durch weiten Raum gedämpfter Klänge. Das sind Phrasen, hör' ich sagen. Natürlich; wer, wie leider viele unserer Philologen, alles und jedes Antike immer mit demselben Massstabe — dem der Vollkommenheit nämlich — bemisst, und immer mit demselben Auge — dem des Enthusiasmus — betrachtet, wer keine Analoga kennen und anerkennen will, die stärker sind als alle wirklichen und geträumten Gegensätze zwischen antik und modern, weil sie in der Naturnothwendigkeit beruhen — der wird auch jeden Versuch mitleidig belächeln, auf einen Mann, wie Sophocles, das Gesetz der menschlichen Natur anzuwenden. Und doch — was nützt uns alle Kritik, wenn wir sie nicht auch auf Höheres anwenden, als auf Betrachtung, Schadhafterklärung und Heilung einzelner kranker Stellen? wenn wir nicht auch im Stande sind, da, wo die Tradition und äussere Zeugen uns verlassen, ergänzend, selbstconstruirend einzutreten, an der Hand innerer Momente, oder die Tradition durch das eben so schwer oder noch schwerer wiegende Gewicht innerer Gründe zu unterstützen? Die Verwischung aller Unterschiede zwischen antiker und moderner Art, sei's aus Absicht, sei's aus Unwissenheit, ist sicherlich stets vom Uebel und bringt keine Frucht. Das Richtige und Fördernde liegt aber gewiss eben so wenig im Extrem, welches sich so geberdet, als ob Gott zweierlei Species von Menschen geschaffen hätte, den antiken und den modernen — Unterschiede, wovon bekanntlich die Zoologie nichts weiss. Sophocles also — warum sollte er das Loos des Alters nicht auch gekostet haben? — δυσαίων μακραίων, hat er selbst gesagt. Unbegreiflich ist es mir, wie Fr. Thiersch im Oedipus Coloneus Spuren eines „juvenile ingenium" erblicken konnte, wenn er nicht etwa einzelne Schwächen desselben dem noch nicht zur Reife gelangten Geiste zuschrieb, welche ich dem alternden, allmählig abblühenden auf Rechnung setze. Nun sind bekanntlich die Schwächen (oder lieber Fehler) des jugendlichen Genies eher allzukräftig aufgetragene, all zu üppig sich geberdende Tugenden, ein Plus über die richtige schöne Mitte hinaus, während das Alter impotent diesseits dieser Grenze stehen bleibt, mit einem Minus auf der Rechnung, einem Rückstand an Schwung, wofür die gemächlich in's Breite sich ergehende Redseligkeit nicht entschädigen kann. Ich glaube, Spuren dieser Art lassen sich im Coloneus nicht verkennen. Dass der Dichter deswegen, wo's ihm Ernst war und wo seine poetischen Gefühle Nahrung erhielten durch einen kräftigen Strom patriotischer Begeisterung, sich zu seiner frühern Höhe zu erheben vermochte, gebe ich gerne zu und möchte durchaus nicht zu dem precären Mittel meine Zuflucht nehmen, jene schwungreichen Poesieen für frühere auf gute Gelegenheit hin zum Voraus componirte Prachtstücke zu halten, welche der Dichter nun wirklich bei diesem Anlass verwendet habe. Denn im Ganzen und Grossen und in seiner Art ist der Coloneus eine hervorragende Leistung, Poesie im eigentlichsten Sinne, aber die Poesie eines stillen verklärten Abends, wo alles noch duftet und blüht, aber dennoch die Krone mit leiser Senkung dem Westen zuneigt, nicht der schmetternde Gesang eines jubelerfüllten, Leben- und Bewegung athmenden, sonndurchglühten Morgens. „Mollissimum carmen" nennt sie Cicero mit völlig gerechter, entsprechender Würdigung. *Molle* in Bezug auf die Farben des Vortrags, auf dramatische Entwicklung, auf die endliche Catastrophe, welche, ganz anders als sonst im griechischen Drama, durch einen milden, versöhnlichen, ja glückverheissenden Ausgang alle Schmerzen, welche der Verlust einer geliebten Person uns bereitet, zu stillen angethan ist. Insofern ist diese Tragödie „ein rührendes Schauspiel" — eine Gattung, wovon wir bei Sophocles sonst keinen Repräsentanten besitzen, wenn schon des Euripides Beispiel beweist, dass sie in der Praxis griechischer Dramatik nicht selten war, und Aristoteles ihr auch, wahrscheinlich gestützt auf Euripides' Vorgang, im Canon derselben ohne weiteres ein Stelle einräumt, wenn er sagt, dass die Catastrophe eines Drama's ebensowohl ἐκ δυστυχίας εἰς εὐτυχίαν sich gestalten könne, als umgekehrt. Immerhin aber, und möge nun „die Entwicklung der ethisch-religiösen Ideen" noch so dichterisch durchgeführt sein, darf der Oed. Coloneus nicht, mit O. Müller, eine „Tragödie" im „höchsten Sinne des Wortes" genannt werden, nicht einmal ein Drama mit dieser Superlativbezeichnung, denn selbst dazu fehlt ihm der eigentliche lebenskräftige, spannende und bewegende Nerv, der fruchtbare Kern, der in sich die Keime einer rasch aufblühenden, von Szene zu Szene sich steigernden dramatischen Spannung trägt. Wahr ist es, das griechische Drama verzichtet viel lieber als dasjenige der Neuzeit auf eine Fülle, sei es psychologischer, sei es dramatischer Complicationen, aber dafür steigert sich das, was vorhanden ist, gleichsam in geometrischer Progression, in gradaus fortschreitender, fürchterlich consequenter Entwicklung, nicht in den Schlangenlinien der Intrigue oder des Zufalls. Und nun der Oedipus Coloneus. Die Entwicklung ist so einfach, dass sie sich beinahe auf Null reduzirt; von einer Spannung kann eben so wenig die Rede sein; denn nehmen wir auch an, dass Kreon (das einzige Fermentin dem sonst ziemlich ruhig verlaufenden Stillleben) mit seinem Ansinnen durchdränge, wäre damit eine schrecken- oder mitleiderregende That geschehen? Oedipus — nach langen Irrfahrten endlich wieder seiner Vaterstadt zurückgegeben — was wäre denn daran so Tragisches? Weiter nichts, als dass die guten Athener um eine der vielen Ausstrahlungen ihres Humanitätsnimbus ärmer geworden wären. Aber Schauer des Schrekens wehen uns durchaus keine an, im Gegentheil, man könnte versucht sein, das Zurückkehren des Oedipus nach seiner Vaterstadt und sein Grab in heimischer Erde für schicklicher, für wünschbarer zu halten, als sein eigensinniges Beharren auf fremdem Boden, wüssten wir nicht, dass eben der Mythus diese Situation verlangte, und zwar nicht launisch bei Oedipus allein, sondern dass auch sonst die Bestattung in fremder Erde mit den sich daran knüpfenden Umständen (vgl. den Dirke-Cultus, Plut. de Dæmon. Socrat. 5) sich zu einer Art von religiösem Dogma bei den Griechen — die sichern Bezüge kennen wir nicht — gebildet hatte.

Tragisch ist aber diese Idee so wenig als die Machinationen, welche in's Werk gesetzt werden, um sie zu vereiteln. „Aber die Szene mit Polyneikes," höre ich einwenden, „ist doch erschütternd genug und erfüllt in vollem Maasse die aristotelischen Requisite des $\varphi \acute{o} \beta o \varsigma$ und $\check{\varepsilon} \lambda \varepsilon o \varsigma$ im Drama." Die Antwort ist leicht. Das Ganze ist nichts als eine keineswegs nothwendige, keineswegs durch den Verlauf des Drama's bedingte Episode; schneiden wir sie aus, so wird kein Entwicklungsglied fehlen, der dramatische Knoten wird durch das Einflechten dieser Szene nicht im Mindesten verwickelter, nicht strammer angezogen, die Catastrophe erleidet dadurch keine graduelle Steigerung, nur einen temporären Aufschub. Wer diese Szene für dramatisch nothwendig, für ein integrirendes aus dem Fortschritt der Handlung naturgemäss erwachsenes, gleichsam von selbst sich ergebendes Glied hält, der thut es dem Namen des Sophocles und nicht der Wahrheit zu liebe. Aber auch in seinen besten Jahren, in der Blüthe seiner Kräfte wäre es ihm, dem Sophocles, so wenig als einem andern Dichter möglich gewesen, aus einer Sage, die nun einmal in ihrem letzten Verlauf die furchtbare Tragik der vor ihr liegenden

Ereignisse geflissentlich und mit fein fühlendem Sinn gemildert
und bis- zu einem gewissen Grade uns mit jener ausgesöhnt
hat, hochtragische Funken herauszuschlagen anders als durch
gelegentlich angebrachte Episoden, durch Effecte dieser oder
jener Art. Allerdings wird dadurch die tragische Idee nicht
ersetzt, so wenig uns die sieben Farben, wenn sie neben einander liegen, das Licht ersetzen. Die Unzulänglichkeit der
Sage für ächt dramatische Behandlung in griechischem, clas-
sischem Sinne liegt nicht sowohl im Dichter und seinem vor-
gerückten Alter, sondern im Stoff selbst. Aber verantwortlich
bleibt der Dichter doch immer für die Wahl. Und wer will
bemessen und mit Zahlen bestimmen, wie viel davon das rein
patriotische Interesse — welches dem Dichter als Bewohner
nicht nur Athen's, sondern eben jenes Gaues in der That nahe
genug lag und ihn für diessmal freisprechen dürfte — wer will
entscheiden, wie viel jenes Interesse und wie viel anderseits
wirkliche, vom Alter herrührende Erfindungsschwäche an der
Wahl des Sujets schuld war? Muss denn Alles an Sophocles
vollkommen sein und geblieben sein bis zu seinem letzten
Athemzuge?

*Εἰ μέν εἰμι Σοφοκλῆς, οὐ παραφρονῶ, εἰ δὲ παραφρονῶ, οὐκ
εἰμὶ Σοφοκλῆς,* lässt ihn Satyros, der Anecdotenjäger, in seinem
hohen Greisenalter, bei Anlass des berüchtigten Prozesses mit
seinem Sohn (wovon unten) sagen. Das durfte Sophocles
wirklich auch mit gutem Gewissen, wenn schon die geistreiche
Pointe, die in dem Dictum liegt, seine Wahrheit mehr als verdächtig macht [1]. Aber einen schönen Chorgesang zu dichten
(worauf der Ausspruch zunächst Bezug nimmt) vermag ein
wahrer Dichter auch noch bei schwindender Kraft, nachdem
der vollsprudelnde Quell neuer, treibender, schöpferischer Gedanken schon versiegt ist Wenn ein neuerer Autor ähn-

---

[1] Ich meine es liegt hier ein Wortspiel zwischen den Namen Σοφοκλῆς und der Sache παραφρονῶ vor. Der von der „Weisheit" (σοφοκλῆς) benannte und durch sie berühmte Mann verträgt sich nicht mit
dem „Wahnwitzigen", wie, umgekehrt, Tell sagt: „Wär ich besonnen,
hiess ich nicht der Tell."

[2] Vorurtheilsfrei erkennt G. Hermann (vgl praef. ad Trachin.), dass

liche Donner- und Blitzscenen auf oder hinter die Bühne
brächte, wie Sophocles sich dieselben gegen Ende des Stücks,
allerdings auf eine sehr wirksame Weise, erlaubt, man würde
ohne anders von Theatercoup, Effekthascherei u. s. w.
sprechen und dem Autor vorwerfen, er habe aus Mangel an innerem Gehalt auf die Sinne seiner Zuhörer spekulirt, die zarte, keusche,
dramatische Muse zu einer kecken, rothbackigen, rumorenden
Dirne erniedrigt und was dergleichen Redensarten mehr sind
— bei Sophocles aber darf uns dergleichen durchaus nicht in
Sinn kommen, das wäre Ketzerei und Anathema. „Er wusste
wohl, was er that, er hatte seine guten Gründe, bei ihm ist
alles tief angelegt und bestens motivirt" — — ja wohl,
sollten wir's auch nicht immer verstehen oder unsern guten
Glauben an Sophocles' Unfehlbarkeit eben so hoch schätzen
als wirkliches erschöpfendes Verständniss. Ich will in unserm
Fall dem Dichter auch kein grosses Verbrechen machen aus
seinem Herbeiziehen rein materieller Hülfstruppen [1]); er war
eben gezwungen, die etwas trockene und spärliche Handlung
möglichst zu würzen, denn *nur* mit idealem Gehalte, wäre er
auch noch so patriotisch, konnten, das bin ich überzeugt, auch
die athenischen Zuschauer nicht befriedigt werden; sie ver-
langten etwas reellere Speise, und wenn die Spannung des
dramatischen Elements dazu nicht ausreichte, so musste ein
kleiner, augen- oder ohrenfälliger Coup veranstaltet werden.
So klug waren doch, neben aller ihrer Verehrung für die
reine Muse, die griechischen Dichter auch, dass sie lieber dem
Geschmack ihres Publikums etwas zu nippen gaben, als, ohne
diese kleine Spende, durchfielen; so klug war auch Sophocles, und, denke ich, besonders zu einer Zeit, wo die schö-

---

auch ein Sophokles fehlen gekonnt und wirklich gefehlt habe, nicht
nur in der „compositio argumenti", worin er „non injuria videtur re-
prehendi posse", sondern auch in der „oratio". „Etsi ego mirifice de-
lector poesi Sophoclis — heisst es dort p. XII — tamen longe alienus
snm ab illa qua plerosque teneri video superstitione quae quadam cæca
antiquitatis reverentia etiam ea admiratur, quæ ambiguum est utrum in
virtutibus an in vitiis potius numerari debeant."

[1]) Dass sie schon v. 95 vorgedeutet sind, ändert an der Sache nich is.

pferische Kraft nachgelassen hatte. — Für eine wirkliche Schwäche dagegen muss ich die detaillirte, zwischen Chor und Oedipus sich abspinnende Scene halten, wo die Art der Spenden nach Stoff und Form der Darbringung mit einer Umständlichkeit erläutert wird, welche passender in einem Opferritualbuch stände, jedenfalls mit der Poesie wenig oder nichts zu thun hat und, füge ich hinzu, sicherlich auch den guten Athenern etwas langweilig vorkam. Ich weiss wohl, was mir begeisterte Philologen entgegnen werden: „Unterschied der Zeiten, Religionsformen" — u. s. w., ziehe es aber vor, dennoch bei meiner Ansicht zu verbleiben, da andere und wichtigere, d. h. in der Menschennatur begründete Momente dieselben geblieben sind. Ich finde nun ferner, und andere vielleicht mit mir, dass das Gespräch v. 296 seqq. über Theseus ziemlich überflüssig ist und mit Detail ausgeschmückt, welches einer wichtigeren Sache werth wäre; abgesehen davon, dass sich Widersprüche darin finden und Frage und Antwort sich nicht recht entsprechen (v. 302 seqq.). Ueberflüssig ist auch v. 64 die Frage des Oedipus ἦ γὰρ τινες ναίουσι τούσδε τοὺς τόπους; — nach vorhergegangenem v. 60; überflüssig Ismene's Meldung v. 389 seqq. σὲ τοῖς ἐκεῖ ζητητὸν ἀνθρώποις ποτὲ θανόντ' ἔσεσθαι ζῶντά τ' εὐσοίας χάριν — denn diess hatte Oedipus nicht nur schon gewusst, sondern es dem Chor zu Handen des Theseus mitgetheilt, vgl. v. 72 und 90 seqq. Jetzt aber, v. 391 seqq., scheint Oedipus auf einmal nichts mehr von diesem Orakel zu wissen. Ueberhaupt aber wuchern in diesem Stück Orakel und Göttersprüche in so üppiger Fülle [1]), dass man sich des Gefühles: „All zu viel!" nicht entschlagen kann und mit aller Mühe, sie auseinanderzuhalten und zu motiviren, zu keiner klaren Einsicht gelangt. Mit dem Machtspruch von der „dunklen Sprache der Orakel" (vgl. Schneidew. zu v. 402 und 411) wird die Sache nicht geschlichtet, und mit Recht hat G. Hermann zu v. 392 und 400 den Dichter theils wegen des Allzuviel, theils wegen der Zweideutigkeit getadelt; denn mit

---

[1]) Vgl. v. 88, 288, 387, 1332, 1525, 605, 354, 411, 457, 287 und andere Stellen.

C. Fr. Hermann's Vertheidigung (quæst. Oedip. 45) ist dem
dichterischen Standpunkt schwerlich genügt. Wie wenig pas-
send der von Aegypten ausholende Vergleich (v. 336 seqq,)
sei, ist oben schon bemerkt worden. Billig darf man auch
fragen, wozu das harte, grausame Drängen des Chor's (510
seqq.) nützt, längst begrabenes Leid wieder aufzuwecken,
da ja Oedipus dasselbe v. 421 seqq. bereits demselben Chor
mitgetheilt hatte, und zwar hier schon auf eine Weise, welche
(vgl. 431 seqq.) eine völlige Bekanntschaft des Chores mit dem
Schicksal der thebanischen Königsfamilie bereits voraussetzt.
Dass im griechischen Drama kein Anstoss darf genommen
werden an kleinen Inconsequenzen der Chronologie, dass grössere Zeiträume in kleinere dürfen zusammengedrängt werden,
ist eine bekannte Sache; ebenso, dass die historische Wahrscheinlichkeit und physische Möglichkeit nicht immer die Probe
bestehen oder auch nur zu bestehen brauchen. Es darf also
auch nicht gerügt werden, wenn sogleich nach dem Weggange
Creon's Polyneikes erscheint und (v. 1311) meldet, seine Bundesgenossen hielten die Stadt Theben umschlossen. War
das geschehen während Creon's Abwesenheit, so war ihm der
Rückweg nach Theben verschlossen, geschah es aber vor-
her, wie kam Creon aus der umlagerten Stadt heraus? Wie
gesagt, dergleichen darf keinen Massstab abgeben für den
Tadel, im Verein mit andern Erscheinungen aber, welche eine
Abweichung von Sophocleischer Art und Sitte zeigen, darf
man auch jenes erwähnen, denn diese Zeilen haben ja zunächst
den Zweck, die Ueberlieferung zu bestätigen, wonach Sophocles seinen Oed. Col. im hohen Alter gedichtet habe. Beinahe
sollte man meinen, des Dichters eigene Anschauung und Erfahrung herauszufühlen aus den Schilderungen des *Alters*, v. 1210
seqq., besonders 1236 seqq. Wohl erlauben sich bei uns auch
junge Dichter, über alle möglichen Lebensverhältnisse sich zu
ergehen, von denen sie selbst durch Erfahrung auch nicht den
leisesten Vorgeschmack haben, und es gehört ja auch zum
Beruf dichterischen Schaffens, durch Phantasie und Intuition
die Lücken und Mängel unseres Lebens auszufüllen und das
Fehlen eigener Erfahrung zu ersetzen. Gleichwohl gibt es

auf diesem Gebiet Unterschiede. Einen Charakter zu schaffen, der unserer eigenen Lebensphäre fremd ist, keine Aehnlichkeit mit unserer Art zu fühlen und zu handeln hat, ist darum dem dichterischen Genius möglich, weil, wenn auch nicht zur Blüthe ausgebildet und zur sichtbaren Erscheinung geworden, dennoch alle jene Züge, womit der Dichter sein Gebild ausstaffirt, im Keime auch in ihm schlummern und das Schaffen weiter nichts ist als das objectivirte Weiterbilden dessen, was der Anlage nach im eigenen Innern vorhanden ist. Das Alter dagegen ist nur eine Erfahrungssache, welche allerdings auch jungen Dichtern und Dichterlingen hie und da zu schildern gelingt, nach Reminiscenzen aus der Lectüre oder Eindrücken des Umgangs — dagegen glaube ich nicht, dass ein antiker Dichter *bei so eingehenden erschöpfenden Schilderungen* des Greisenalters (obendrein im Munde des Chores, der ja bekanntlich mehr oder weniger gerade den Dolmetscher des Dichters vorstellt und so oft und gerne dessen eigenste Erfahrungen Lebensanschauungen und Stimmungen ausspricht) — dass also ein antiker Dichter in solchen Fällen nur nach landläufigen Jedermann zugänglichen Schablonen, nicht aus der innersten Erfahrung heraus gearbeitet habe. Wie charakteristisch und individuell gefärbt klingen hier die trübseligen Aeusserungen des Chores (vgl. 1239 ἐν ᾧ τλάμων ὅδ᾽ οὐκ ἐγὼ μόνος u. s. w,) gegen der allgemein gehaltenen räsonnirenden Schilderung des Alters im „Hercules furens" des Euripides (v. 639—700) und dennoch, selbst hier, möchte unschwer ein Anklang auf des Dichters eigenes Alter herauszulesen sein, ja leicht noch mehr als ein blosser Anklang (vgl. v. 679 ἔτι τοι γέρων ἀοιδὸς κελαδεῖ Μναμοσύναν, und 691 κύκνος ὡς γέρων ἀοιδὸς πολιᾶν ἐκ γενύων κελαδήσω); und Bernhardy's Urtheil: „Wenig bedeutet das Chorlied, worin der Dichter über das Unbehagliche des andringenden Greisenalters sich aussprechen *soll*", erscheint auffällig genug [1]). Was den Oedipus Coloneus betrifft, so möge, statt

---

[1]) Auch die, wenn auch nicht ausgeführten, so doch markigen Züge, die Aeschylus im Agamemn. v. 71 seqq. vom Alter entwirft, sind in Uebereinstimmung mit der auch sonst beglaubigten Ueberlieferung als Zeugniss für des Dichters eigenes Alter angehen worden (vgl. Schneidewin a. l.; auch Müller ad Eumen. p. 172 seqq.).

anderer, C. Fr. Hermann's Urtheil zur Unterstützung des unsrigen citirt sein (quæst, Oedip. p. 61): Mihi quidem, ut dicam quod sentio, si quid talibus indiciis tribuere licet, magis persuadent qui *senem poetam* agnoscunt ex Oedipi descriptione, cujus imagine omnino Sophoclem auimi sui sollicitudines expressisse veri simillimum est etc. — wobei Hermann auf den Chorgesang v. 1210 seqq. verweist. Freilich was den letzten Satz betrifft, dass Sophocles selber unter der Maske des Oedipus seine Bekümmerniss niedergelegt habe — ganz entsprechend der Ansicht · von Jakob in den quaest. Sophocl., dass der Dichters sein Leid in Vers gegossen, p. 349 — so kann ich nicht beitimmen. — Es ist hierorts der natürliche Anlass gegeben über den berühmten Sophocleischen Prozess einiges zu sagen. Die bezügliche, vielfach commentirte und zu den allerverschiedensten Erklärungen Anlass gebende Stelle im *Βίος Σοφοκλ.* 129. 51 Westerm. lautet: φαίνεται (wofür Dindorf φέρεται) παρὰ πολλοῖς ἡ προς τὸν υἱὸν Ἰοφῶντα γενομένη αὐτῷ δίκη ποτέ. ἔχων γὰρ ἐκ μὲν Νικοστράτης Ἰοφῶντα, ἐκ δὲ Θεωρίδος Σικυωνίας Ἀρίστωνα, τὸν ἐκ τούτου γενόμενον παῖδα |Σοφοκλέα τοὔνομα πλέον ἔξερξεν· καὶ πότε [1]) ἐν δράματι εἰσήγαγε τὸν Ἰοφῶντα αὐτῷ φθονοῦντα καὶ πρὸς τοὺς φράτορας ἐγκαλοῦντα τῷ πατρὶ ὡς ὑπὸ γήρως παραφρονοῦντι· οἱ δὲ τῷ Ἰοφῶντιἐπετίμησαν· Σάτυρος δέ φησιν εἰπεῖν· Εἰ μὲν εἰμι Σοφοκλῆς, οὐ παραφρονῶ, εἰ δὲ παραφρονῶ, οὐκ εἰμι Σοφοκλῆς· καὶ τότε τὸν Οἰδίποδα ἀναγνῶναι. In mehr oder weniger verschiedener Version findet sich dieselbe Erzählung bei Cicero de senect. 7, Plut. an seni sit resp. ger. c. 3, Lucian de Macrob. 24, Apul. Apol. p. 298 — obwohl kein Bericht völlig mit dem andern übereinstimmt, denn Lucian lässt den Iophon, Apulejus „filium", Plutarch und Cicero „die Söhne" den Vater vor Gericht laden, der Biograph dagegen lässt, wie ich glaube, umgekehrt den Vater Ankläger sein; ferner führt nur dieser als Motiv der Anklage vor dem Phratorengericht Neid des Iophon an, während Cicero den So-

---

[1]) Jahn (Sophocl. Electra) schreibt καί ποτε * ἐν † δράματι. Doch wohl nach eigener Vermuthung, nicht nach handschriftlicher Beglaubigung.

phocles, den sonst als „filzig" gescholtenen Sophocles (vgl.
Aristoph. „Frieden" v. 695 [1]) „propter studium tragoediarum
rem familiarem negligere" lässt (s. Fritzsche Arist. Ran. p. 37
und Bergk comment. de vita Soph. p. XVII Anmerk. 63). Schon
dieses genügt, um über den ganzen Klatsch den Stab zu
brechen, abgesehen davon, dass der Biograph *auch noch* (s.
weiter unten) von der Instanz der Phratoren spricht, wovon
die übrigen Gewährsmänner schweigen, welche nur von judices
und διϰασται wissen. Niemand wird heutigen Tages noch an
die Wahrheit, die volle Wahrheit der einen oder der andern
Form dieser Erzählung glauben, denn Bergk's „talia non fin-
gere solent comici, sed ea quae acciderunt aliquando exornant
lepide et exaggerant", seine Richtigkeit zugegeben, lässt am
Ende doch auch einen ganz unschuldigen Anlass zu späterer
klatschsüchtiger oder auch bloss humoristischer Uebertreibung
zu. Denn wie viel darf eine unbefangene, nüchterne Critik als
wahr annehmen von allem dem Kehricht, welchen Aristophanes
in den Thesmophoriazusen über Euripides ausschüttet? — und
doch werden ganz gleiche Vorfälle in einer vita des Euripides
als wahr und wirklich erzählt, ein Zeichen von der Uncritik,
womit wohl die Meisten jener Biographen zu Werke gegangen
sind, wahrscheinlich auch der unsrige, wenn schon Schöll behauptet, seine vita des Sophocles sei „aus den vorzüglichsten
Quellen" abgeleitet. Er will das unter Anderm auch beweisen
aus dem Umstand, dass Gewährsmänner, wie Satyrus, ange-
führt werden!! Gerade dieser Satyrus aber würde, innere
Glaubwürdigkeit selbst vorausgesetzt, Bedenken gegen dieselbe
erregen, denn wenn schon in gewissem Sinne Schüler des grossen
Aristarch, war Satyrus weit entfernt von der besonnenen Nüch-
ternheit des berühmten Critikers. Ein Polyhistor, der alles mögliche trieb und auftrieb, um seinen Werken die gehörige Würze
und piquanten Geschmack zu geben — und wo waren diese besser

---

[1] Dort erhält Hermes, der nach ihm fragt, die Antwort, es gehe ihm
ganz gut wie dem Simonides, — welchen selbst Pindar Isthm. II, 9
gewinnsüchtig nennt — „er vertraue, ob auch ein hinfälliger Greis,
auf Binsen, locke Gewinn ihn, sich der See."

und lohnender angewandt, als gerade in den „βίοι', als deren Verfasser Satyrus so oft citirt wird! Etwas Critik weniger als nöthig, etwas Scandal mehr, überall Haschen nach dem Interessanten und Outrirten, — das war seine Ausrüstung, und das verlangte auch seine Zeit, welche es liebte, „fabulas veris miscere" (Heyne de genio Potem. saec.) Socrates' Digamie, Demosthenes' vergiftete Feder und andere derartige Historien wurden von dieser Schule, speziell von Satyrus, ausgeheckt (vgl. Luzac de Socr. bigam. p. 176) und von dort aus verpflanzt; und zum litterarischen Triumvirat gehörten ausser Satyrus noch Aristoxenus und Hieronymus Rhodius, gerade dieselben, welche auch in der vita Sophocl. erwähnt werden. Neben der Leichtgläubigkeit lief auch Verläumdungssucht und Bosheit unter, und charakteristisch ist immerhin die Aeusserung des Citharöden Stratonikus: „Er wundere sich nur, wie die Mutter des Satyrus diesen ihren Sohn, welchen keine Stadt zehn Tage lang habe aushalten können, zehn Monate lang im Leibe getragen habe." Ob unter den πολλοί (φαίνεται παρὰ πολλοῖς) zn Anfang jener Stelle in der vita die übrigen Biographen des Sophocles, ein Chamaeleon, Carystius, Jster, Neanthes u. s. w. gemeint sind, lässt sich wegen der Unsicherheit der Lesart nicht bestimmen, jedenfalls ist der wahrscheinlichste Schluss der, dass von Satyrus, wie das Ende der Geschichte, die Vorlesung des Coloneus, so auch der ganze übrige Theil stammt — und das dient wahrlich nicht zur Beglaubigung derselben! Um bei dieser letztern, der Vorlesung des Coloneus zu beginnen, so ist freilich der Umstand, dass Plutarch sie auf die Parodos beschränkt, wenig erheblich; er macht das Natürliche nur etwas wahrscheinlicher, natürlich aber nennen wir die fernere Ausschmückung durch diese Beigabe, sobald [einmal die famöse Prozessgeschichte in Szene gesetzt war. Sophocles, παρανοίας belangt — was lag näher, als ihm durch seine eigenen Gedichte, ein argumentum ganz besonders ad judices, einen glänzenden Triumph über seine Gegner zu bereiten? Satyrus musste aus der griechischen Geschichte wissen, nicht nur, wie sehr das athenische Publikum für grössere Dichtercitate aus dem Munde seiner Redner schwärmte (C. Fr. Her-

mann quaest. Oedip. p. 54), sondern wie speziell die citoyens
juges an dergleichen ihren souveränen Gefallen fanden, so sehr,
dass sie einen solchen Ohrenschmaus sogar zur conditio sine
qua non der ⬛sprechung machen konnten; denn es ist ächt
attisch, wenn es in Aristophanes Wespen (v. 579) heisst: *κἄν
Οἴαγρος* — der Schauspieler — *εἰσέλθῃ φεύγων, οὐκ ἀποφεύγει
πρὶν ἂν ἡμῖν ἐκ τῆς Νιόβης εἴπῃ ῥῆσιν, τὴν καλλίστην ἀπολέξας.*
Man verzeihe mir, wenn ich eine hübsche Geschichte ähnlicher
Färbung aus neuerer Zeit anführe und zwar mit den Worten
Patin's [1]) (études sur les tragiques grecs, tom. I, p. 101): „Dans
sa vieillesse il (l'abbé Cotin) céda une partie de sa fortune à
un de ses amis contre une pension viagère. Ses parents ayant
voulu le faire interdire, il invita ses juges à venir l'entendre
prêcher, et son éloquence, l'éloquence de l'abbé Cotin! pro-
duisit un tel effet sur eux, qu'ils condamnèrent les parents
de l'orateur à une amende et aux dépens.“ Gewiss, an der
ganzen Prozessgeschichte, welche G. Hermann mit Recht
„inepta et absurda“ nennt, ist dieser Schluss noch das beste
und artigste; so artig, dass selbst C. Fr. Hermann (quaest.
Oed. p. 54) und zustimmend Fritzsche (zu Arist. Ran. p. 37)
ihn vertheidigen konnten; er fällt aber natürlich mit der Geschichte dahin. Denn dieser gibt es doch wohl den Todesstoss,
wenn wir Phrynichus in seinen *Μοῦσαι* „einer sinnigen Todten-
feier des wenige Monate früher verstorbenen Dichters“, die
diessmal ernst gemeint sein *muss*, sagen hören: *Μάκαρ Σοφοκλῆς,
ὅς . . . . . . καλῶς ἐτελεύτησ' οὐδὲν ὑπομείνας κακὸν*, und wenn
Valerius Maximus 8, 7, 12 berichtet: „Sophocles sub ipsum
transitum ad mortem Oedipun Coloneum scripsit qua sola fabula omnium ejusdem studii poetarum præriperee gloriam potuit,“
womit, falls etwa Valer. Max. für „unzuverlässig“ — Bernhardy
p. 789 — gelten sollte), übeinstimmt der vitæ scriptor in der
Leipzg. Ausgabe p. XVIII: *ἱδρύθη δὲ ὑπο Ιοφῶντος τοῦ υἱοῦ
μετὰ τὴν τελευτήν.* Denn es ist doch gar zu modern und in
christlichem Sinne gedacht, wenn man den Iophon zum reuigen
Sünder macht, der in der Zerknirschung seines Herzens mit

---

[1]) Oder vielmehr des journal des savants vom 28. März 1829.

der Ehrensäule, die er dem Vater, sich selber eine Schand-
säule soll errichtet haben! Er hätte wahrlich, wäre er auch
der undankbare, nachher reumüthige Sohn gewesen, seinen
Vater auch durch eine andere, ihn selbst nicht compromittirende
Inschrift ehren können! Hier darf wohl auch ein merkwürdiger Umstand erwähnt, ja in die Wagschaale gelegt werden,
dessen Bergk gedenkt (p. XIII, Anm. 68) — einer Inschrift
nämlich im Bulletino Archeolog. 1855, p. XVII, Σοφοκλῆς Ἰο-
φῶντος ἐκ Κολω[νοῦ ἀνέϑηκεν]. Zufällige Namengleichheit
kann hier unmöglich angenommen werden; „neque tamen
verisimile est, duos nepotes Sophoclis, alterum Aristonis,
alterum Iophontis filium eodem nomine usos esse", sehr
wahrscheinlich aber „Iophontem, quum liberis orbus esset,
postea Aristonis filium adoptavisse". Und eben so gross wie
diese Wahrscheinlichkeit ist nun die Unwahrscheinlichkeit, dass
Iophon um dieses seines Neffen Sophocles willen sich verkürzt
gefunden und mit dem Vater überworfen habe. „Litem παρανοίας Sophocli intendisse Iophontem qui usque ad hoc tempus patri fuerat carus pietatemque ei etiam mortuo exhibuit,
prorsus est incredibile" (Bergk l. l.). In neuerer Zeit ist die
herrschende Ansicht, die Prozessgeschichte verdanke ihre Entstehung irgend einem Lustspieldichter, der einen Prozess παρανοίας, wie es nach attischem Recht den Söhnen zustand,
(vgl. C. Fr. Herm. quæst. Oedip. p. 52 seqq., G. Hermann über
Böckh's Behandl. griech. Inschr. p. 183 seqq., Fritzsche Arist.
Ran. p. 36, Bergk Comment. d. vit. Soph. XVII, Böckh, rh.
Mus. 1827, p. 49 seqq.) vor dem Familiengericht der Phratoren
erdichtet habe, und diese Scene selbst wurde auf Rechnung
der φιλονεικία geschrieben, welche allerdings nicht gerade
selten zwischen den Vertretern der beiden Kunstgattungen gefunden wird. Als Subject zu εἰσήγαγε — welches nun natürlich heissen muss „auf die Bühne bringen" — ergänzt man
Verschiedenes: Λεύκων, Πλάτων, zuletzt G. Hermann Ἀριστοφάνης, mit der weitern Aenderung ἐν Δράμασιν, und zufälli-
ger Weise finden sich sogar in einem Bruchstücke dieser Comödie (Mein. II, 2, 1061), die φράτορες (φράτερες) genannt:

ἀλλ' εὔχομαι 'γωγ' ἑλκύσαι σὲ τὸν ζυγὸν,
ἵνα μή με προςπράττωσι γραῦν οἱ φράτορες.

Merkwürdiger Weise findet sich auch hier als handschriftliche
Ueberlieferung (Schol. ad Arist. Ran. 810) das falsche δράματι
statt Δράμασι. Bake lässt durch seine Conjectur ὅς ποτε ἐν
δράματι εἰσήγαγεν sogar den Sophocles minor diese einem Comiker zustehende Rolle übernehmen (sonst wissen wir nichts
von dessen Leistungen als Comiker; er gehörte zu den besten
tragischen Dichtern, Kayser hist. crit. trag. gr. p. 79 und wurde
zwölfmal gekrönt). Aber auch bei Annahme einer Comödien-
scene muss wieder gefragt werden: Sind zwei Instanzen vor-
gekommen, diejenige der Phratoren (des Familiengerichts) und
die des öffentlichen Gerichtes (der Heliasten), oder spann sich
das Ganze vor der erstern ab, und können unter den „δικασταὶ“
des Lucian („judices" des Cicero) auch jene, müssen nicht diese
allein verstanden werden? Beide Ansichten haben ihre Vertheidiger. Böckh hat, um den Ungrund der gewöhnlichen Erzählung darzuthun, mit grosser Gelehrsamkeit entwickelt, wie
unwahrscheinlich eine Klage von Seite des Vaters gegen den
Sohn wäre (wie eine solche bei Beibehaltung der handschriftlichen Ueberlieferung nothwendig angenommen werden muss);
er hat drei mögliche Categorien der Klage gefunden, die
ἀποκήρυξις, die δίκη κακηγορίας und diejenige κακώσεως γονέων,
für Sophocles eine so unwahrscheinlich als die andere. Andere
finden es ebenso unnatürlich („prorsus incredibile" ‹ Bergk
p. XVI u. "dementiae actionem inepte excogitaverunt" Fritzsche
l. l.), dass Iophon seinen Vater παρανοίας geziehen habe.
Wir übergehen billig abenteuerliche Vermuthungen und Phan-
tasieen, welche aus Anlass dieses Prozesses freigebigst ausgeheckt worden sind, und ebenso zuversichtlich als Schneidewin
sein: *Vielmehr* hat ein comischer Dichter .... einen Prozess
παρανοίας erdichtet — behaupten wir: *Von einer Entstehung der
Sage durch die Comödie kann gar keine Rede sein*: Eine solche
Comödie hätte doch sicherlich dem Satyrus bekannt sein müssen, wahrscheinlich auch noch dem Lucian, Cicero und Plutarch, und, wenn man auch unserem Biographen diese litte-
rarische Kenntniss nicht zutrauen will, so doch gewiss einem

der „πολλοί", von denen er behauptet, dass sie an den Prozess glaubten (oder auch nicht glaubten, denn dass φέρεται die unzweifelhaft richtige Verbesserung von φαίνεται sei, ist nicht erwiesen). Und diese πολλοί oder ihre Gegner sollten bei einer Frage über ja oder nein sich nicht auf ihre Quellen, auf das vorhandene Instrument der Bewahrheitung berufen, ein Satyrus sollte diess gleichfalls unterlassen haben? Er, zu dessen Zeit die dramatische Litteratur noch vollständig vorhanden war, so dass ein jeder seiner Zeitgenossen sie einsehen konnte, sollte dann noch von seiner eigenen Erfindung etwas beigesteuert haben, nämlich die Geschichte von der Vorlesung? Entweder musste er die Erzählung annehmen, wie sie die Comödie lieferte, oder er musste sie vom Standpunkte historischer Critik aus läugnen. Hinzufügen konnte er aber nichts. Gerade dass aber der Biograph für gut findet, beizufügen, Satyrus habe dem Sophocles noch jene Worte in den Mund gelegt und ihn den Oedipus vorlesen lassen, beweist, dass diese Version nicht die allgemeine (diejenige der πολλοί) war. Wäre dagegen das Ganze Scene einer Comödie gewesen — man denke sich Sophocles als Vorleser seines eigenen Drama's in der Comödie!! — so war ja jede Meinungsverschiedenheit unmöglich gemacht ausser der Alternative: Scherz oder Ernst; man nahm es als pure Weisheit oder man verwarf es als comische Erfindung, man machte aber keine Zusätze. So viel muss also wohl jeder zugeben, dass in jener vorgeblichen Comödie wenigstens die Episode von der Vorlesung nicht enthalten sein konnte. Dann aber — die Verschiedenheiten, selbst Widersprüche der Tradition (die wir oben erwähnten), wie lassen sich diese erklären, bei der Annahme einer Comödie, wo doch schwarz auf weiss der ganze Hergang musste zu lesen sein, wo man doch nicht zweifelhaft sein konnte, ob der eine Sohn Iophon, oder die Söhne des alten Sophocles diesen vor Gericht luden und ob an der παράνοια (oder Verschwendung) des Alten ein allzugrosser Dichtereifer, oder die gewöhnliche Bevorzugung seines Enkels — doch wahrlich zwei verschiedene Dinge — schuld war! Existirte also eine Comödie angegebenen Inhalts, so war jede

Divergenz ganz ausgeschlossen, existirte sie dagegen nicht, so sind diese Verschiedenheiten erklärlich, sehr erklärlich, weil dann die Erfindung ungehemmt ihre Blüthen treiben konnte. Und sie hat deren getrieben; ausser der genannten Historie auch noch andere, gerade über Sophocles (s. Bergk, Anm. 61), welchem von Athenäus drei, von Suidas gar fünf Söhne gegeben werden, und von jenem ausserdem noch eine dritte „Liebe", Archippe, während anderseits nun auch das historisch Beglaubigte in das Gebiet comischer Erfindung gerückt wird, wie wenn Schöll an einem Ort glaubt, dass die Theoris (die Grossmutter des jüngern Sophocles) nichts als die symbolische Bezeichnung eines Comikers sei (gleich Theoria, was die Beschäftigung mit scenischer Poesie bezeichnen sollte!). Der gleiche Schöll nimmt dann aber, andern Ortes, keinen Anstand, von einer „scandalösen Doppelfamilie" des Dichters zu sprechen, gestützt auf eben jene „vorzügliche" Quelle in der vita Soph.! — Wir haben es, wenn gewiss auch nicht mit der Fiction eines Comikers, so doch sicher mit einer Fiction zu thun, die Satyrus vielleicht erfunden, jedenfalls aber mit gehörigem Apparat in Scene gesetzt hat. Nach unserer, wie wir glauben, begründeten Ansicht von Nichteinmischung der Comödie muss sich nun auch der überlieferte Text des Biographen constituiren. Und ich glaube, er widerstrebt nicht. Dem Sinne nach hat, wie ich überzeugt bin, G. Hermann mit seiner ersten Vermuthung das Richtige getroffen, als er das (von Böckh ihm mit Unrecht so übel vermerkte) $\varkappa\alpha i$ $\pi\acute{o}\tau\varepsilon$ $\varepsilon\nu$ $\delta\iota\varkappa\alpha\sigma\tau\eta\varrho\acute{\iota}\dot\omega$ $\varepsilon\grave{\iota}\sigma\acute{\eta}\gamma\alpha\gamma\varepsilon\nu$ vorschlug [1]; aber die Stelle hiess wohl einfach: $\varkappa\alpha i$ $\pi\sigma\tau\varepsilon$ $\varepsilon\grave{\iota}\sigma\acute{\eta}\gamma\alpha\gamma\varepsilon$ $\tau\grave{o}\nu$ $^{\prime}\mathrm{I}o\varphi\tilde\omega\nu\tau\alpha$ $\varkappa\tau\lambda.$ — $E\grave{\iota}\sigma\acute{\alpha}\gamma\varepsilon\iota\nu$ heisst schon an und für sich „gerichtlich beklagen"; ein Abschreiber aber, der von einem Dichter das Wort ganz anders, in einer näher liegenden Beziehung verstand (wie das lateinische *inducere*), glaubte den

---

[1] Meyer's Behauptung, dass der Ausdruck nur uneigentlich von der klagenden Parthei gebraucht werde, hat Hermann durch Berufung auf Stephani Thesaurus zurückgewiesen, der „einem jeden sagen könne, dass $\varepsilon\grave{\iota}\sigma\acute{\alpha}\gamma\varepsilon\iota\nu$ $\grave{\varepsilon}\acute{\iota}\varsigma$ $\delta\iota\varkappa\alpha\sigma\tau\acute{\eta}\varrho\iota\sigma\nu$ ebensowohl von dem Kläger als von dem Vorstand des Gerichts gebraucht wird" (über Böckh's Behandlung gr. Inschr. p. 183).

verzeihlicher Weise missverstandenen Ausdruck durch ein bei-
gefügtes ἐν᾽ δράματι vervollständigen zu sollen — ich kann
nichts dagegen haben, wenn jemand den Biographen selber,
der in seiner Quelle das nakte εἰσάγειν vorfand, dieser Ver-
wechslung zeiht. Wir sehen also hier, der Sage nach, den
Sophocles Vater seinen Sohn Iophon dafür in höchster Instanz
belangen, dass dieser ihn von einem Familiengericht wollte
unter Curatel stellen lassen: οἱ δὲ Ἰοφῶντι ἐπετίμησαν sind die
eigentlichen Richter (δικασταί), welche sich bei dem richtig ge-
fassten Ausdruck εἰσάγειν von selbst verstehen, ohne dass εἰς δι-
καστὰς εἰσήγαγε zu schreiben wäre. Vielleicht ist noch eine fernere
kleine Aenderung im Text des Biographen vorzunehmen, nämlich εἰσήγαγε τὸν Ἰοφῶντα τούτῳ (statt αὐτῷ), φθονοῦντα (sci-
licit Σοφοκλεῖ τῷ νεωτέρῳ) καὶ πρὸς τοὺς φράτορας ἐγκαλοῦντα
τῷ πατρὶ — denn einmal, wenn unter αὐτῷ und dem folgenden
τῷ πατρί, die gleiche Person, d. h. Sophocles der Vater soll
verstanden werden, so ist eines oder das andere völlig überflüssig, beides neben einander dürfte kaum mit Nachlässigkeit
im Stil vertheidigt werden; zweitens aber passt für Iophon's
Stimmung und sein Verhältniss zu dem Vorgehen seines Vaters der Ausdruck φθονεῖν entschieden nur, wenn der jün-
gere Sophocles Object dieses „Neides" ist, denn *diesem*, Niemand anders, musste Iophon etwas missgönnen, d. h. die ihm
vom Vater gewordene und die eigenen Söhne schwer treffende
Bevorzugung [1]).

---

[1]) Bergk vermuthete einst, der Biograph habe geschrieben: καί ποτε εἰς
φράτορας εἰσήγαγε [ἵνα μετέχοι τοῦ κλήρου, λέγουσι δ᾽ οὐ συγχω-
ρῆσαι] τὸν Ἰοφῶντα u. s. w. Allein abgesehen davon, dass hier das
Imperfect εἰσῆγε am Platze wäre, wird das Ganze unwahrscheinlich
durch den unmotivirten Wechsel der Redeweise, einmal ein tempus
finitum εἰσήγαγε, dann ein Infinitiv, abhängig von λέγουσι, dann wieder
Σάτυρος λέγει. Also entweder καί ποτε ἐς φράτορας εἰσάγειν λέγουσι
.... ἀλλὰ μὴ συγχωρῆσαι τὸν Ἰοφῶντα, oder καί ποτε εἰσῆγε
.... ἀλλ᾽ οὐ συνεχώρει ὁ Ἰοφῶν κτλ. Das gleiche Bedenken
trifft auch Fritzsche's Versuch (Arist. Ran. p, 36), obschon dieser zuversichtlich sagt: totus locus utpote lacunosus, ita fere restitui debet
— πλέον ἔστεργε καί ποτε ἐς τοὺς φράτορας εἰσῆγε· [λέγουσιν οὖν μὴ
ἐᾶσαι αὐτὸν εἰσαγαγεῖν] τὸν Ἰοφῶντα κτλ.

Nun kann und muss immer noch gefragt werden: „Was
gab denn Anlass zu dieser Scandalgeschichte, wenn es also
nicht die Verläumdungssucht irgend eines Comikers war? Irgend ein Keim, wenn auch ein unscheinbarer und unschuldiger,
musste doch vorhanden sein." Antwort: Schon der Umstand,
dass Sophocles sein letztes Stück nicht, wie es doch wohl sonst
Regel war, dem Sohne überliess, der ja auch tragischer Dichter war (Kayser hist. crit. trag. gr. p. 76 seqq.), und welchen
Aristophanes sogar nach Sophocles' und Euripides' Tode für
den besten der lebenden Dichter hält, musste argwöhnischen
Seelen auffallen und in ihnen die Ueberzeugung wecken, dass
nothwendig Iophon zurückgesetzt gewesen sei. Diess musste
ihm selber natürlich zum Bewusstsein kommen und — weiterer
Schluss — in gerechtem Aerger geht er vor die zuständige
Behörde, wo er, in begreiflicher Uebertreibung, den Vater der
„Kindlichkeit" beschuldigt. Dieser aber, nun gleichfalls den
Schwerpunkt seiner σωφροσύνη verlierend, tritt seinerseits
activ gegen den Sohn auf und macht aus der patriarchalisch
zu erledigenden Angelegenheit eine cause célèbre vor öffentlichen Assisen, welche zu seinem glänzenden Triumph, und zu
Iophon's völliger Niederlage ausschlägt . . . . . Dergleichen hat
menschliche von Schluss zu Schluss aufsteigende Klügelei,
verbunden mit etwas Phantasie, schon mehr als einmal heraus-
construirt und — mundus vult decipi! Es kommen aber bei
unserer Frage noch einige andere Momente in Betracht, welche,
so naturgemäss sie auch für die dramatische Situation sich
ergeben, dennoch, weil sie mit der ganzen angeblich feind-
seligen Stimmung zwischen Vater und Sohn harmoniren, gewiss in das Gewebe dieser Geschichte ihre Fäden auch ein-
schlugen, besonders wenn — was wir unmöglich behaupten
oder leugnen können — schon ein kleiner Einschlag vorhanden war in irgend einer vor den Phratoren bereinigten Angelegenheit in Sachen „Sophocles und Söhne", eine Angelegenheit, die uns desswegen den „himmlischen Seelenfrieden, das
Ideal menschlicher Glückseligkeit, das wir sonst mit dem Dich-
terlebensbild verbinden," nicht „in eigentlichster Weise zu zer-
stören" braucht.

Zu jenen Momenten rechne ich die Scene mit Polyneikes, die erschütterndste im ganzen Drama, obwohl sie organisch kaum damit verbunden ist: der greise Vater in siegreicher Glorie gegenüber seinem ungerathenen Sohn, Aeusserungen, wie ἵν' ἀξιῶτον τοὺς φυτεύσαντας σέβειν (v. 1377), oder εἰσὶ χἀτέροις γοναὶ κακαὶ καὶ θυμὸς ὀξὺς (v. 1192) und gar ὁ πληθύων χρόνος γέρονθ' ὁμοῦ τίθησι καὶ τοῦ νοῦ κενὸν (v. 931), δυσαίων μακραίων (144) sammt den übrigen Klagen über Wehen und Gebrechen des Alters im Munde eines alten Mannes in Colonos (Oedipus), aus der Feder eines alten Mannes aus Colonos (Sophocles) — warum nicht auch aus der Seele dieses letzteren? Wahrhaftig, dieser Schluss lag einem spürnäsigen homo Græculus so nahe und war so nach seinem Geschmacke, dass man sich beinahe wundern könnte, wenn die Analogie nicht gezogen und dann gehörig, von Satyrus und Consorten, zu tableaux vivants ausgemalt worden wäre. Bei näherer Betrachtung und Analyse aber verflüchtigen sich diese zu einem Schemen, zu dissolving views!

Zur Textescritik.

In der ersten Hypothesis zum Oedipus Coloneus (nach G. Hermann's Ausgabe I) heisst es: Oedipus sei nach Athen gekommen ὑπὸ τῆς θυγατρὸς Ἀντιγόνης χειραγωγούμενος . ἦσαν γὰρ τῶν ἀρσένων περὶ τὸν πατέρα φιλοστοργότεραι . Augenscheinlich ist hier hinter πατέρα das Wort θυγατέρες ausgefallen. Gegen Ende der Hypothesis befindet sich dagegen eine ziemliche Lücke. Da heisst es vom Dichter χαρίσασθαι δὲ καὶ τὰ μέγιστα τοῖς Ἀθηναίοις und nun folgt δι ὧν ἀπορθήτους ἔσεσθαι καὶ τῶν ἐχθρῶν αὐτοὺς κρατήσειν ὑποτίθεται ὁ Οἰδίπους u. s. w. Nun muss offenbar dem δι ὧν dasjenige vorausgegangen sein, was jenes Versprechen des Oedipus motivirt, ungefähr [δέχεσθαι γὰρ αὐτὸν καὶ τάφου ἀξιοῦν δεῖται ὁ Οἰδίπους τῶν Ἀθηναίων] δι ὧν κτλ.

In der zweiten Hypothesis, welche den Namen des Salustius trägt, lautet eine Stelle: οὗ μή ἐστιν ἑτέρῳ βεβήλῳ τόπος, wo wahrscheinlich zu ändern ist οὗ μή ἐστιν ἑτέρῳ βέβηλος τ.

In der dritten, wo es sich um die Zeitbestimmung der Aufführung handelt: σαφὲς δὲ τοῦτ' ἐστιν ἐξ ὧν ὁ μὲν Ἀριστοφάνης ἐν τοῖς Βατράχοις .... ἀνάγει τοὺς στρατηγοὺς ὑπὲρ γῆς — muss es doch wohl heissen τοὺς τραγικοὺς — so schreibt auch, wie ich erst nachträglich sehe, Th. Bergk.

In v. 11 des Stückes, wo Oedipus zu Antig. sagt στῆσόν με κἀξίδρυσον hat Meineke κἀφίδρυσον geändert und, was den Gebrauch der Präpositionen überhaupt betrifft, auf Schol. zu unserem Stück v. 1648 (1640 Reisig) verwiesen: ἴδιον αὐτοῦ τὸ πολλαῖς κεχρῆσθαι ταῖς προσθέσεσι, ferner zu Elect. 917 (Erfurt) ... τὸ κάτοιδα ἐνταῦθα ἀντὶ τοῦ βεβαίως καὶ καλῶς γιγνώσκω. ταὐτὸν δὲ τὰ τοιαῦτα σημαινόμενα αἱ προσθέσεις. So scheinbar nun auch Meineke's Aenderung ist, so weiss ich doch nicht, ob sie richtig ist, denn eine aufmerksame Lektüre des Oedipus Coloneus zeigt uns die auffallende Thatsache, dass gerade in diesem Stück die Präposition ἐξ eine mehr als gewöhnliche Berücksichtigung von Seite des Dichters gefunden hat, dass er sie mit einer gewissen Liebhaberei anwendet, ohne dass immer jene vom Scholiasten hervorgehobene Verstärkung in den betreffenden Composita zu suchen wäre. Wir lesen da ἔξοιδα ἐξορμᾶσθαι ἐκφοβεῖν ἐξεπίσταμαι ἐκφύλασσε ἐξανιστάναι ἐξίκου ἐξοίχεσθαι ἐξοικήσιμος ἐκμάθης συνεκσώζειν ἐξευρίσκω, ἐκδείξης ἐξυφηγοῦ ἐκμανθάνω ἐκπράττειν ἐκσώζουσιν ἐξαιτούμενοι ἐξηγήσομαι ἐξειληφότες ἐξατιμάζητον ἐξεπίστασο ἐξηγεῖσθαι ἐξαπείδομεν ἐξήσκησεν u. a. m. — so dass auch jenes ἐξίδρυσον noch in Kauf gehen dürfte. Dieses üppige Wuchern bleibt immerhin auffallend, und vielleicht liegt auch hierin ein Zeichen der späten Abfassung unseres Drama, das heisst des hohen Alters unseres Dichters, der eine dieser Altersstufe nicht selten anhaftende Launenhaftigkeit in jener Erscheinung hat durchschimmern lassen. Ich wenigstens vermag für dieselbe kein anderes Motiv, oder besser gesagt, keinen natürlicheren Grund aufzufinden.

V. 15:

πύργοι μὲν, οἵ

πόλιν στέγουσιν, ὡς ἀπ᾽ ὀμμάτων, πρόσω.

hier soll ὡς ἀπ᾽ ὀμμάτων bedeuten „quantum adspectus docet,“ „soweit der Augenschein abnehmen lässt“ — ein sonderbarer Ausdruck, wenn ihn schon auch der Scholiast kennt, denn warum ὡς? Die Beispiele bestätigen nur ἀπ᾽ ὀμμάτων .. Ich lese daher:

Zur Textescritik.

In der ersten Hypothesis zum Oedipus Coloneus (nach G. Hermann's Ausgabe I) heisst es: Oedipus sei nach Athen gekommen ὑπὸ τῆς θυγατρὸς Ἀντιγόνης χειραγωγούμενος. ἦσαν γὰρ τῶν ἀρσένων περὶ τὸν πατέρα φιλοστοργότεραι. Augenscheinlich ist hier hinter πατέρα das Wort θυγατέρες ausgefallen. Gegen Ende der Hypothesis befindet sich dagegen eine ziemliche Lücke. Da heisst es vom Dichter χαρίσασθαι δὲ καὶ τὰ μέγιστα τοῖς Ἀθηναίοις und nun folgt δι ὧν ἀπορθήτους ἔσεσθαι καὶ τῶν ἐχθρῶν αὐτοὺς κρατήσειν ὑποτίθεται ὁ Οἰδίπους u. s. w. Nun muss offenbar dem δι ὧν dasjenige vorausgegangen sein, was jenes Versprechen des Oedipus motivirt, ungefähr [δέχεσθαι γὰρ αὐτὸν καὶ τάφου ἀξιοῦν δεῖται ὁ Οἰδίπους τῶν Ἀθηναίων] δι ὧν κτλ.

In der zweiten Hypothesis, welche den Namen des Salustius trägt, lautet eine Stelle: οὗ μή ἐστιν ἑτέρῳ βεβήλῳ τόπος, wo wahrscheinlich zu ändern ist οὗ μή ἐστιν ἑτέρῳ β έ β η-λ ο ς τ.

In der dritten, wo es sich um die Zeitbestimmung der Aufführung handelt: σαφὲς δὲ τοῦτ᾽ ἔστιν ἐξ ὧν ὁ μὲν Ἀριστοφάνης ἐν τοῖς Βατράχοις .... ἀνάγει τοὺς σ τ ρ α τ η γ ο ὺ ς ὑπὲρ γῆς — muss es doch wohl heissen τοὺς τ ρ α γ ι κ ο ὺ ς — so schreibt auch, wie ich erst nachträglich sehe, Th. Bergk.

In v. 11 des Stückes, wo Oedipus zu Antig. sagt στῆσόν με κἀξίδρυσον hat Meineke κἀφίδρυσον geändert und, was den Gebrauch der Präpositionen überhaupt betrifft, auf Schol. zu unserem Stück v. 1648 (1640 Reisig) verwiesen: ἴδιον αυτοῦ τὸ πολλαῖς κεχρῆσθαι ταῖς προσθέσεσι, ferner zu Elect. 917 (Erfurt) ... τὸ κάτοιδα ἐνταῦθα ἀντὶ τοῦ βεβαίως καὶ καλῶς γιγνώσκω. ταὐτὸν δὲ τὰ τοιαῦτα σημαινόμενα αἱ προσθέσεις. So scheinbar nun auch Meineke's Aenderung ist, so weiss ich doch nicht, ob sie richtig ist, denn eine aufmerksame Lektüre des Oedipus Coloneus zeigt uns die auffallende Thatsache, dass gerade in diesem Stück die Präposition ἐξ eine mehr als gewöhnliche Berücksichtigung von Seite des Dichters gefunden hat, dass er sie mit einer gewissen Liebhaberei anwendet, ohne dass immer jene vom Scholiasten hervorgehobene Verstärkung in den betreffenden Composita zu suchen wäre. Wir lesen da ἔξοιδα ἐξορμᾶσθαι ἐκφοβεῖν ἐξεπίσταμαι ἐκφύλασσε ἐξανιστάναι ἐξίκου ἐξοίχεσθαι ἐξοικήσιμος ἐκμάθης συνεκσώζειν ἐξευρίσκω, ἐκδείξης ἐξυφηγοῦ ἐκμανθάνω ἐκπράττειν ἐκσώζουσιν ἐξαιτούμενοι ἐξηγήσομαι ἐξειληφότες ἐξατιμάζητον ἐξεπίστασο ἐξηγεῖσθαι ἐξαπειλόμεν ἐξήσκησέν u. a. m. — so dass auch jenes ἐξίδρυσον noch in Kauf gehen dürfte. Dieses üppige Wuchern bleibt immerhin auffallend, und vielleicht liegt auch hierin ein Zeichen der späten Abfassung unseres Drama, das heisst des hohen Alters unseres Dichters, der eine dieser Altersstufe nicht selten anhaftende Launenhaftigkeit in jener Erscheinung hat durchschimmern lassen. Ich wenigstens vermag für dieselbe kein anderes Motiv, oder besser gesagt, keinen natürlicheren Grund aufzufinden.

V. 15:

πύργοι μὲν, οἳ
πόλιν στέγουσιν, ὡς ἀπ᾽ ὀμμάτων, πρόσω.

hier soll ὡς ἀπ᾽ ὀμμάτων bedeuten „quantum adspectus docet,“ „soweit der Augenschein abnehmen lässt“ — ein sonderbarer Ausdruck, wenn ihn schon auch der Scholiast kennt, denn warum ὡς? Die Beispiele bestätigen nur ἀπ᾽ ὀμμάτων.. Ich lese daher:

πύργοι μὲν, οἳ

πόλιν στέγουσιν, εἴσ᾽ ἀπ᾽ ὀμμάτων πρόσω.

Was ist es anders als eine Laune des Dichters, wenn er den Oedipus auf Antigonens Frage:

ἀλλ᾽ ὅστις ὁ τόπος ἢ μάθω μολοῦσά ποι;

antworten lässt:

ναί, τέκνον, εἴπερ ἐστί γ᾽ἐξοικήσιμος

— wo, wie der Scholiast richtig bemerkt, ἐνοικήσιμος am Platz gewesen wäre? Denn des Thucydides Stelle (II. 17) τό Πελασγικόν . . . . . ἐξῳκήθη passt darum nicht als Beleg für die unsrige, weil dort der Begriff „wurde *ganz* bewohnt" nothwendig und vom Schriftsteller bezweckt ist, während derselbe bei Sophocles gar nicht in Betracht kommen kann. Aber zu ändern ist desswegen nichts; in jedem andern Stück würde ich, käme der Vers vor, vorschlagen εἴπερ ἔστι γῆς οἰκήσιμος. (Heimsœth in den crit. Studien, Bonn 1865, wollte ἐξῳκισμένος oder ἐξῳκημένος, also auch er belässt die Präposition ἐξ. Allein bei beiden Vorschlägen Heimsœth's wäre die Wiederholung in Antigone's Antwort ἀλλ᾽ ἐστὶ μὴν οἰκητός auffallend, denn es wäre wirklich nichts als Wiederholung desselben Begriffes, während zwischen ἐξοικήσιμος und οἰκητός doch noch ein Unterschied besteht, insofern jenes *habitabilis* heisst, dieses dagegen *habitatus*, zunächst also eine Folge des ersteren bezeichnet. Desswegen ist auch kein Grund vorhanden, um, wie neulich geschehen, die folgenden zwei Verse gewaltsam in einen zusammen zu ziehen

ἀλλ᾽ ἔστι μὴν, πέλας γὰρ ἄνδρα νῷν ὁρῶ. —

V. 48 sagt der ξένος zu Oedipus:

ἀλλ᾽ οὐδ᾽ ἐμοί τοι τοὐξανιστάναι πόλεως

δίχ᾽ ἐστὶ θάρσος, πρὶν γ᾽ ἂν ἐνδείξω τί δρῶ.

Nicht mit Unrecht wollte Schneidewin ἐνδείξῃ (scil. πόλις), denn die Erklärung des Scholiasten ἕως οὖ τῇ πόλει ἐνδείξω τί χρὴ ποιεῖν ist unrichtig, ja absurd. Aber auch Schneidewin's Vermuthung beseitigt die zwei Schwierigkeiten nicht, dass nämlich ἐξανιστάναι ohne Object und ohne Ortsangabe stehen soll. Beides wird gewonnen durch

ἀλλ' οὐδ' ἐμοί τοι τοὐξανιστάναι πόλεως
δίχ' ἐστὶ θάρσος, πρὶν γ' ἂν ἐνδείξω, σ' ἐδρῶν.

Am Ende seiner Schilderung der Localität lässt sich der
ξένος also vernehmen (v. 62 seqq.):

τοιαῦτά σοι ταῦτ' ἐστίν, ὦ ξέν', οὐ λόγοις
τιμῶμεν, ἀλλὰ τῇ ξυνουσίᾳ πλέον.

Für die Erklärung dieser schwierigen Verse bietet der
Scholiast so viel wie nichts, aber auch die neuern Erklärer
kommen zu merkwürdigen Resultaten. Ich glaube, alle Schwierigkeiten hören auf, wenn wir ändern τῇ ξυνουσίᾳ θεῶν (Suidas
bietet πλέω statt πλέον). Eine Menge Götter sind eben genannt worden „und“, schliesst der ξένος, „der Ort ist nicht durch
Worte (d. h. in der Theorie allein) hoch gehalten und gefeiert,
sondern durch die (wirkliche und unmittelbare) Nähe der Götter.“ (Meineke's οὐ ξένων λόγοις τιμ. ἀλλὰ τῇ ξυν. γέρον,
was er selber „dubitanter“ vorschlägt, ist schwer verständlich
und wird schwerlich gebilligt werden).

V· 70:   Οἰδ.
ἆρ' ἄν τις αὐτῷ πομπός ἐξ ὑμῶν μόλοι;
                       Ξεν.
ὡς πρὸς τί; λέξων ἢ καταρτύσων μολεῖν;

Das doppelte μόλοι und μολεῖν wäre selbst dann verdächtig, wenn nicht die Handschriften hier in der Reihenfolge
variirten. Dindorf hat desswegen geschrieben:

ὡς πρὸς τί λέξων ἢ καταρτύσων παρῇ;

Diess oder ein ähnliches muss der Dichter geschrieben haben.
Aber auch so noch bleibt der Vers merkwürdig geschraubt
und unnatürlich; denkbar wird man darum Meineke's λέξον anzunehmen haben. Und nun noch καταρτύσων „herrichtend“!
von einem Unterthan gegenüber Theseus gebraucht! Ich denke

ὡς πρὸς τί, λέξον, ἢ κατ αρκέσων, παρῇ?

„damit er wozu komme? etwa um zu helfen?“ wozu trefflich
die Antwort des Oedipus passt:

ὡς ἂν προσαρκῶν σμικρὰ κερδάνῃ μέγα. —

Wenn Oedipus v. 102 seqq. die Eumeniden anfleht:

πέρασιν ἤδη καὶ καταστροφήν τινα,
εἰ μὴ δοκῶ τι μειόνως ἔχειν, ἀεὶ
. μόχθοις λατρεύων τοῖς ὑπερτάτοις βροτῶν —

so ist δοκῶ τι μειόνως (was auch der Scholiast liest) auf's verschiedenste erklärt worden (vgl. Reisig, Herm. und Schneidewin), genügend aber nie. Ich glaube, das allein Passende ist, den Oedipus sagen zu lassen: Gebt mir Ruhe, wenn es euch nicht etwa scheint, es sei besser für mich, so wie jetzt, fernerhin, das Schwerste zu leiden.

εἰμὴ δοκῶ γ' ἄμεινον ὡς ἔχειν —

V. 111:   Antig.

σίγα . πορεύονται γὰρ οἵδε (ὧδε?) δή τινες
χρόνῳ παλαιοί, σῆς ἕδρας ἐπίσκοποι.

                   Oed.

σιγήσομαί τε, καὶ σύ μ'ἐξ ὁδοῦ πόδα
κρύψον κατ' ἄλσος —

dass πόδα hier unmöglich haltbar ist, darin stimmen die neuern Herausgeber überein; am meisten empfiehlt sich noch Meineke's τόδε (Schneidewin wollte πέρα, Bergk πέλας) obschon der Versschluss nicht eben kräftig dadurch wird. Ich glaube eher an

         καὶ σύ μ'ἐκποδὼν τάχα
κρύψον κατ' ἄλσος —

V. 175:   Oed.

ἔτ' οὖν, ἔτι προβῶ;

                 Chor.

      ἐπίβαινε πόρσω.

                 Oed.

ἔτι;

                 Chor.

προβίβαζε, κούρα,
πρόσω, σὺ γὰρ ἀΐεις.

Das Metrum beweist, dass ἔτ' οὖν, ἔτι προβῶ; nicht richtig sein kann: Oedipus darf nicht mehr fragen als was einen Jambus oder Spondeus ausmacht; nun hat man aber nach Hermann's Vorgang („sequi mihi videtur, recte me ejecisse verba

ἔτ᾽ οὖν ἔτι") geschrieben O. προβῷ; Ch. ἐπίβαινε πόρσω — gewiss
unrichtig. Denn gerade in προβῷ liegt die Glosse; zu der vom
Dichter stammenden Frage: ἔτ᾽ οὖν; glaubte ein Erklärer das
Prädicat beischreiben zu sollen, welches im folgenden προβίβαζε
ziemlich deutlich angezeigt ist, dass aber Jemand zu προβῷ
noch sollte ἔτ᾽ οὖν erklärend beigeschrieben haben, ist ganz
unwahrscheinlich, höchstens ἔτι. Es ist ⬤ zu lesen: Oed.
ἔτ᾽ οὖν; Chor. ἐπίβαινε πόρσω (oder wahrscheinlicher mit
Reiske ἔτι βαῖνε πόρσω. Ich sehe nachträglich mit Vergnügen,
dass auch Bergk den Text so constituirt hat.)

Der Einzelgesang der Antigone (den nun auch Meineke
mit Cobet für unächt hält) v. 236—258 schliesst, nach Hermann,
folgendermaassen:

οὐ γὰρ ἴδοις ἂν ἀθρῶν βροτὸν . . .
ὅστις ἂν, εἰ θεὸς
ἄγοι, ᾽κφυγεῖν δύναιτο.

Hinter βροτὸν oder in der Nähe desselben ist unzweifelhaft
eine Lücke „nam dipodias oportet integras esse finirique systema eo metro quo finitur quod praecessit systema dactylicum."
Aber mit οὔτιν᾽ ἂν oder οὔ ποτ᾽ ἂν, wie H. vorschlägt, ist
schwerlich geholfen; denn nicht nur das Metrum, sondern der
Sinn verlangt eine ganz entschiedene Ergänzung; es fehlt ein
integrirender Theil des Gedankens; denn was ist der Satz, dass
„wen der Gott führe, nicht entrinnen könne", anders als eine
Trivialität? Wen der Gott *ins Verderben* führt, der kann nicht
entfliehen, also

οὐ γὰρ ἴδοις ἂν ἀθρῶν βροτὸν, ὅστις ἂν,
εἰ θεὸς εἰς ἄγος
ἄγοι, ᾽κφυγεῖν δύναιτο.

Damit ist auch der Ausfall erklärt; sonst hätte auch βλά-
βος geschrieben werden können; gerade in dieser Monodie
aber, welche in Alliterationen, Reimen und anderem rhetori-
schem Prunk schillert, hat die Parechese ἄγος und ἄγοι durchaus nichts Auffallendes. Wer aber die Gründe für oder gegen
Athetese dieser Parthie an der Hand des Scholiasten aufmerksam prüft, wird es doch mit Didymus halten müssen, welcher
dieselbe ohne Anstand aufnahm, und mit Hermann sagen: Sa-

pienter profecto Didymus. Denn ich meines Theils erblicke auch in der rhetorischen Haltung dieser Verse ein Zeichen der Zeit, d. h. der späteren, vorgerückteren Jahre unseres Dichters, wo einmal Eigenthümlichkeiten des launischen Alters, dann aber die Rücksicht auf und der Wettstreit mit gewissen euripideischen Kunststücken gar wohl auf die Art unseres Dichters bestimmen ●●● einwirken konnten. Allerdings aber zeigt sich das Alter auch, wie wir theilweise schon gesehen haben, theils noch sehen werden, auch in anderer scheinbar entgegengesetzter Weise, in gewissen Nachlässigkeiten des Stils, einer sonst nicht gewöhnlichen Gleichgültigkeit gegen Wohlklang u. a. m. Und dennoch möchte ich dem Dichter nicht zuschieben, was wir v. 263 lesen:

$$\varepsilon i \ \tau \acute{a}\varsigma \ \gamma' \ \mathcal{A}\vartheta \acute{\eta}\nu\alpha\varsigma \ \varphi\alpha\sigma i \ \vartheta\varepsilon\sigma\varepsilon\beta\varepsilon\sigma\tau\acute{a}\tau\alpha\varsigma$$
$$\varepsilon i\nu\alpha\iota, \ \mu\acute{o}\nu\alpha\varsigma \ \delta\grave{\varepsilon} \ \tau\grave{o}\nu \ \varkappa\alpha\varkappa o\acute{\nu}\mu\varepsilon\nu o\nu \ \xi\acute{\varepsilon}\nu o\nu$$
$$\sigma\acute{\omega}\zeta\varepsilon\iota\nu \ o\acute{\iota}\alpha\varsigma \ \tau\varepsilon, \ \varkappa\alpha\grave{\iota} \ \mu\acute{o}\nu\alpha\varsigma \ \grave{\alpha}\varrho\varkappa\varepsilon\widetilde{\iota}\nu \ \acute{\varepsilon}\chi\varepsilon\iota\nu \ - \ .$$

statt $\grave{\alpha}\lambda\varkappa\grave{\eta}\nu \ \acute{\varepsilon}\chi\varepsilon\iota\nu$ (vgl. 460 $\grave{\alpha}\lambda\varkappa\grave{\eta}\nu \ \pi o\iota\varepsilon\widetilde{\iota}\sigma\vartheta\alpha\iota$) oder wenigstens $\grave{\alpha}\varrho\varkappa\varepsilon\widetilde{\iota}\nu \ \grave{\varepsilon}\varrho\widetilde{\alpha}\nu$; denn wenn zwei $\acute{o}\mu o\iota o\tau\acute{\varepsilon}\lambda\varepsilon\nu\tau\alpha$ unmittelbar hinter einander schon unschön sind, so sind sie es gewiss noch mehr am Versende, am meisten aber, wenn sie gleich viel Silben haben. Auch kann ich nicht glauben, dass

v. 279 seqq.:

$$\acute{\eta}\gamma\varepsilon\widetilde{\iota}\sigma\vartheta\varepsilon \ \delta\grave{\varepsilon}$$
$$\beta\lambda\acute{\varepsilon}\pi\varepsilon\iota\nu \ \mu\grave{\varepsilon}\nu \ \alpha\grave{\nu}\tau o\grave{\nu}\varsigma \ (\text{scil.} \ \tau o\grave{\nu}\varsigma \ \vartheta\varepsilon o\grave{\nu}\varsigma) \ \pi\varrho\grave{o}\varsigma \ \tau\grave{o}\nu \ \varepsilon\grave{\nu}\sigma\varepsilon\beta\widetilde{\eta}$$
$$\beta\varrho o\tau\widetilde{\omega}\nu,$$
$$\beta\lambda\acute{\varepsilon}\pi\varepsilon\iota\nu \ \delta\grave{\varepsilon} \ \pi\varrho\grave{o}\varsigma \ \tau o\grave{\nu}\varsigma \ \delta\nu\sigma\sigma\varepsilon\beta\varepsilon\widetilde{\iota}\varsigma\cdot \ \varphi\nu\gamma\grave{\eta}\nu \ \delta\acute{\varepsilon} \ \tau o\nu$$
$$\mu\acute{\eta}\pi\omega \ \gamma\varepsilon\nu\acute{\varepsilon}\sigma\vartheta\alpha\iota \ \varphi\omega\tau\grave{o}\varsigma \ \grave{\alpha}\nu o\sigma\acute{\iota}o\nu \ \beta\varrho o\tau\widetilde{\omega}\nu.$$
$$\sigma\grave{\nu}\nu \ o\acute{\iota}\varsigma \ \sigma\grave{\nu} \ \mu\grave{\eta} \ \varkappa\acute{\alpha}\lambda\nu\pi\tau\varepsilon \ \tau\grave{\alpha}\varsigma \ \varepsilon\grave{\nu}\delta\alpha\acute{\iota}\mu o\nu\alpha\varsigma$$
$$\acute{\varepsilon}\varrho\gamma o\iota\varsigma \ \mathcal{A}\vartheta\acute{\eta}\nu\alpha\varsigma \ \grave{\alpha}\nu o\sigma\acute{\iota}o\iota\varsigma \ \grave{\nu}\pi\eta\varrho\varepsilon\tau\widetilde{\omega}\nu \ -$$

Sophocles sich zweimal in so naher Folge das gleiche Schlusswort sollte erlaubt haben, um so mehr, als $\xi\grave{\nu}\nu \ o\acute{\iota}\varsigma$ sich nicht auf $\beta\varrho o\tau\widetilde{\omega}\nu$ beziehen kann, sondern auf $\vartheta\varepsilon o\acute{\iota}$. Ein Genitiv muss aber jedenfalls an der Stelle des zweiten $\beta\varrho o\tau\widetilde{\omega}\nu$ stehen, weil ohne einen solchen die $\varphi\nu\gamma\grave{\eta}$ in der Luft schwebt. (Dieser Umstand verurtheilt auch die sonst geistreiche Conjectur Dindorf's

$$.... \varphi\omega\tau\grave{o}\varsigma \ \grave{\alpha}\nu o\sigma\acute{\iota}o\nu \ . \ \tau\acute{\alpha}\delta' \ o\grave{\nu}\nu$$
$$\xi\nu\nu\varepsilon\grave{\iota}\varsigma \ \sigma\grave{\nu} \ \text{u. s. w.}$$

Ich meine, jeder Anstand wird gehoben, wenn wir geradezu statt des zweiten βροτῶν in den Text setzen:

$$φυγὴν δέ του$$
$$μήπω γενέσθαι φωτὸς ἀνοσίου θεῶν.$$

ξὺν οἷς u. s. w. „der Gottlose kann den Göttern nicht entfliehen“, d. h. der Strafe der Götter — eine Ausdrucksweise, welche dem Griechen nicht weniger geläufig ist, als uns. Zur Erklärung von ξὺν οἷς aber („im Einklang mit den Göttern“, obwohl Meineke sein „non bene“ dazu angemerkt hat) genügt vollkommen das von Schneidewin Beigebrachte.

Von Theseus wünscht Oedipus v. 309 seqq.:

$$ἀλλ᾽ εὐτυχὴς ἵκοιτο τῇ θ᾽αὑτοῦ πόλει$$
$$ἐμοί τε . τίς γὰρ ἐσθλὸς οὐχ αὑτῷ φίλος;$$

der Schlusssatz wird viel concinner und steht in logischerem Zusammenhang mit dem vorhergehenden Satze, wenn wir schreiben:

$$τίς γὰρ ἐσθλὸς οὐ χ α ὑ τ ῷ φίλος;$$

„Welcher Edle ist nicht *auch* sich selbst lieb“? Zu der Aenderung Meineke's τίς γὰρ ἔσθ᾽ ὅς ist durchaus kein Grund vorhanden als — der Schein.

Es kann kaum einem Zweifel unterliegen, dass Musgrave's Umstellung von v. 328 τέκνον, πέφηνας; u. s. w., die Hand des Dichters hergestellt hat. Wenn aber Ismene auf ihres Vaters Frage τέκνον, πέφηνας; antwortet οὐκ ἄνευ μόχθου γέ μοι, so steckt hier ein Fehler. Was soll μοι? Im Gegentheil οὐκ ἄνευ μόχθου γέ σ ο ι, und zwar σοι nicht direkt von πέφηνας abhängig, sondern in freierer Weise als Dativus ethicus beigefügt; diess ist griechisch gedacht und häufig gebraucht; μόχθος μοι, „Mühe für mich“, möchte schwer zu belegen sein, wenn schon der *deutsche* Ausdruck verführerisch klingt.

Auf die Frage ferner τέκνον, τί δ᾽ἦλθες; würde die Antwort σῇ, πάτερ, προμηθίᾳ (welche schon der Scholiast kennt und durch διὰ τὴν σὴν πρόνοιαν erklärt) ganz unverfänglich lauten, wenn nicht Oedipus sofort mit der curiosen Frage πότερα π ό θ ο ι σ ι; wieder einfiele. Diese ist eher motivirt, wenn wir Ismenen sagen lassen σῇ πάτερ π ρ ο θ υ μ ί ᾳ, „aus Eifer für dich getrieben". — Mit dem Wort τροφαὶ wird ein förmlicher Wucher getrieben im Oedipus Coloneus, und es wäre sehr zu wünschen, dass mit Meineke die Verse 338—344 als Einschiebsel ausgeschieden werden könnten, so würde doch die Zahl des Vorkommens jenes Stammes etwas reduzirt (δυσάθλιαι τροφαὶ sagte Ismene 332, βίου τροφὰς heisst es 339, βίου τροφεῖα 341, νέας τροφῆς 246, beinah zu viel!). Auch kommt τροφαὶ im Plural *nur* im Oedipus Coloneus vor. Wie nun? Werden wir die nach Form und Inhalt sonderbar klingenden Verse dem Dichter Sophocles aufbürden oder seinem Alter zu Gute halten? Ich glaube das Letztere. Wie mancher Heros der Litteratur ist mit den Jahren ein anderer geworden und hat seine Art, gewöhnlich nicht zum Vortheil, geändert! Doch glaube ich im zweiten Vers statt βίου τροφὰς lesen zu sollen βίου τρόπους; diess passt doch gewiss eher zu dem vorhergehenden φύσιν :

ὦ πάντ᾽ ἐκείνω τοῖς ἐν Αἰγύπτῳ νόμοις
φύσιν κατεικασθέντε καὶ βίου τρόπους.

Oedipus frägt nach seinen Söhnen mit den Worten v. 336:

οἱ δ᾽ αὖ θ ό μ α ι μ ο ι ποῖ νεανίαι πονεῖν;

Ich schlage statt des auffallenden Compositums vor :

οἱ δ᾽ αὖ θ᾽ ὅ μ α ι μ ο ι —

was dem Gedanken nach sehr gut zum vorhergehenden passt.

Zu den schwierigsten Versen der Tragödie gehören 381 seqq. :

ὡς αὐτίκ᾽ Ἄργος ἢ τὸ Καδμείων πέδον
τ ι μ ῇ καθέξων ἢ κατ᾽ οὐρανὸν βιβῶν.
ταῦτ᾽ οὐκ ἀ ρ ι θ μ ό ς ἐστιν, ὦ πάτερ, λόγων —

dass ἀριθμὸς nicht stehen kann, um hier zu beginnen, ist so klar, wie die Erklärung des Scholiasten unklar ist — οὐ μέχρι λόγων προκόπτοντα! eben so klar ist auch, dass noch keine genügende Verbesserung gefunden ist (Heimsœth's κροτησμὸς könnte am ehesten gefallen, besser als Meineke's ἆρ᾽ ὑθλὸς); ich vermuthe jetzt

ταῦτ᾽ οὐκ ἀ θ ύ ρ μ α τ᾽ ἐστὶν, ὦ πάτερ, λόγων

„nicht nur ein Spiel mit Worten", sondern schrecklicher Ernst, ἀλλ᾽ ἔργα δεινά. Schon in τ α ῦ τ᾽ lag eine Weisung, ein Plural für ἀριθμὸς einzutreten 'hat. In den vorhergehenden Worten ist, soweit ich sehe, τιμῇ unhaltbar, wofür Meineke αἰχμῇ geschrieben hat. Ich halte, mit Rücksicht auf αὐτίκα, für das Richtige ῥυμῇ καθέξον „sofort beim ersten Anlauf", und glaube ferner, dass v. 381 Ἄργος verschrieben ist aus αὐτός, woraus weiter folgt, dass καθέξων herzustellen ist, oder, was dem Gedanken noch angemessener ist, κρατήσων:

ὡς αὐτίκ᾽ αὐτὸς ἢ τὸ Καδμείων πέδον
ῥυμῇ κρατήσων —

Die sonderbare Beschaffenheit der Stelle, welche kaum anders als aus Verderbniss zu erklären ist, berechtigt, wenn irgend eine, zu einer gewissen Kühnheit der Aenderungen. Auch so bleibt der zweite mit ἢ eingeleitete Satz (ἢ πρὸς οὐρανὸν βιβῶν) noch unerklärt und räthselhaft genug. Man vergleiche mit der gewöhnlichen Erklärung nur die von Bergk: glorians .... se cœlum invasurum esse! (das von Cobet in der Mnemos. IX, 378—381 beigebrachte, sowie die Conjecturen von Heimsœth, Meineke, Bergk zu d. St. muss ich, der Kürze wegen, unerörtert lassen, um so mehr, da keine vollkommen befriedigt). — Es folgen die Verse:

..... τοὺς δὲ σοὺς ὅποι θεοὶ
πόνους κατοικτιοῦσιν, οὐκ ἔχω μαθεῖν.

Dazu bemerkt Hermann: „Mihi ὅποι ita dictum videtur ut locus et regio intellegi debeat in quam deducturi sint Oedipum dii, laborum ejus miserti." Aehnlich Schneidewin; aber diese Brachylogie scheint mir geradezu monströs. Ich glaube dem Dichter kein Unrecht zu thun, wenn ich ihn sagen lasse ὅποι θεοὶ πόνους καθορμιοῦσιν — entsprechend griechischer wie deutscher Auffassung: „in welche Bucht endlich die Götter deine Leiden einlaufen lassen."

Wenn Ismene v. 403 als neues Orakel dem Oedipus mittheilt:

κείνοις ὁ τύμβος δυστυχῶν ὁ σὸς βαρύς,

so kann man über die Berechtigung dieses Motivs füglich mit dem Dichter rechten, wie theilweise schon Hermann gethan hat, wenn er findet, dass dieses sogenannte neue Orakel nur „antiquam illam dictionem confirmet quæ Oedipo olim erat data". Doch über die Sache selbst sprachen wir an einem andern Ort: der Sinn der in obigem Orakel enthaltenen Worte kann nicht zweifelhaft sein, nur ist allerdings die Erklärung des Scholiasten wundersam: ἐπὶ ξένης σου θαπτομένου δυστυχήσουσιν ἐκεῖνοι — denn von der ξένη steht nichts im Text, dann aber ist τύμβος δυστυχῶν nie und nimmer causativ, so dass es heissen könnte ἐκείνοις δυστυχεῖν ποιῶν; aber auch „missglückend", wie Schneidewin übersetzt, heisst δυστυχῶν nicht. Das einzig Mögliche wäre noch Elmsley's Erklärung, wornach τύμβος δυστυχῶν wäre „justis honoribus carens". Aber das will Ismene gewiss nicht sagen, sondern der ganze Zusammenhang lehrt, dass sie nur meinen kann: Der *Nichtbesitz* deines Grabes bringt ihnen Unglück: κείνοις ὁ τύμβος ἀποτυχοῦσι σὸς βαρύς. Sollten vielleicht diess die Worte des Dichters sein? Möglich, Sophocles könnte aber auch geschrieben haben:

κείνοις ὁ τύμβος σός, δίχ᾽ ὧν χθονὸς, βαρύς,

„fern von ihrem Lande", wie gleich darauf πέλας χώρας, „nahe an ihrem Land". (Heimsœth hat, wie ich jetzt sehe, δίχα τυχῶν für δυστυχῶν vorgeschlagen, so dass wenigstens δίχα einige Gewähr haben möchte).

V. 442 seqq. sagt Oedipus von den Söhnen:

οἱ δ᾽ ἐπωφελεῖν
οἱ τοῦ πατρὸς τῷ πατρὶ δυνάμενοι, τὸ δρᾶν
οὐκ ἠθέλησαν, ἀλλ᾽ ἔπους σμικροῦ χάριν
φυγάς σφιν ἔξω πτωχὸς ἠλώμην ἐγώ.

Hier wird seit Brunck angenommen σμικροῦ ἔπους χάριν sei so viel als „potius quam uno me verbulo defenderent", also res pro rei defectu liege vor. Ist das möglich? Ich glaube nicht. Man vergleiche v. 625: τὰ νῦν ξύμφωνα δεξιώματα δόρει διασκεδῶσιν ἐκ μικροῦ λόγου, wo letzteres heisst sub levi prætextu. Dieses, auf unsere Stelle angewandt, verhilft zum richtigen Verständniss; auch hier heisst ἔπους σμικροῦ χάριν leve verbulum prætexens, und das Wort, auf welches die Stadt und die beiden Söhne sich bezogen, wird ein Orakel gewesen sein, welches die Verbannung des Oedipus anzurathen *schien* (daher σμικρὸν ἔπος); auch ἔπος selber (nicht λόγος) deutet auf einen Orakelspruch hin.

Warum aber daselbst Meineke ὠλόμην geschrieben hat für ἠλώμην, will mir nicht einleuchten; wenn irgend etwas zu ändern wäre (was aber nicht nöthig scheint), so würde ἠλάϑην doch gewiss wahrscheinlicher sein.

V. 452:

οὔτε σφιν ἀρχῆς τῆσδε Καδμείας ποτὲ
ὄνησις ἥξει —

Man sieht nicht recht ein, wie Oedipus, auf Colonus, seine Heimath mit τῆσδε Καδμείας bezeichnen kann, während ganz richtig vorhergeht τοῦδε συμμάχον (von ihm selber gesagt) und τῆσδέ τε μαντεῖ᾽ ἀκούων, von Ismene, ebenso richtig folgt. Schon äusserlich ist eine Aufeinanderfolge dieses Pronomens nichts weniger als schön, obwohl, wie die Folge zeigen wird, Sophocles von diesem Fehler nicht freizusprechen ist; hier aber tritt ein innerer Grund hinzu, um zu ändern:

οὔτε σφιν ἀρχῆς γῆς τε Καδμείας ποτὲ
ὄνησις ἥξει —

„Sie werden keinen Nutzen haben von der Herrschaft und vom Kadmeerland“, ein sehr gewöhnliches ἓν διὰ δυοῖν. Der Dichter fährt fort:

τοῦτ᾽ ἐγῷδα τῆσδέ τε
μαντεῖ᾽ ἀκούων, συννοῶν τε τὰξ ἐμοῦ
παλαίφαϑ᾽, ἅ μοι Φοῖβος ἤνυσέν ποτε —

Dass hier ἐξ ἐμοῦ nicht haltbar sei, ist auch Meineke's Ansicht, und ich freue mich, meine schon vor Jahren gemachte Vermuthung τὰκ ϑεοῦ durch ihn, ohne dass er dieselbe kannte, bestätigt zu finden. Jedoch bin ich seither anderer Meinung geworden. Wollte nämlich Oedipus den Abstand zwischen dem *neuen* Orakel, das er von Ismene hört, und einem *alten*, welches ihm selbst seiner Zeit gegeben wurde, recht deutlich hervorheben (wodurch die Gleichheit des Inhalts um so frappanter hervortrat), so konnte er sicherlich sagen:

συννοῶν δὲ τὰκ μακροῦ
παλαίφαϑ᾽ —

(Bergk's ἐπάργεμα und Heimsœth's ϑέσφατα entfernen sich, von anderm abgesehen, in zu bedenklicher Weise von der Ueberlieferung).

4*

Auf die Aufforderung des Chor's, den Eumeniden Opfer darzubringen, entgegnet Oedipus 496 seqq. :

ἐμοὶ μὲν οὐχ ὁδωτά, λείπομαι γὰρ ἐν
τῷ μὴ δύνασθαι μηθ' ὁρᾶν, δυοῖν κακοῖν.

Hier ist weniger auffällig, . dass man vor Dindorf sich mit der sonderbaren Lesart τῷ μὴ δύνασθα zufrieden geben konnte, wofür jetzt richtig τῷ μήτε σωκεῖν geschrieben wird), als dass der Versausgang sammt Construction λείπομαι γὰρ ἐν beibehalten wurde und wird. Auf die leichteste Weise werden beide Anstände gehoben, wenn wir, ausgehend von v. 502 οὐ γὰρ ἂν σθένοι τοὐμὸν δέμας ἔρημον ἕρπειν, schreiben:

ἐμοὶ μὲν οὐχ ὁδωτά, λειποίμην γὰρ ἂν
τῷ μήτε σωκεῖν, μήθ' ὁρᾶν u. s. w.

V. 498 seqq.:

σφῶν δ' ἀτέρα μολοῦσα πραξάτω τάδε.
ἀρκεῖν γὰρ οἶμαι κἀντὶ μυρίων μίαν
ψυχὴν τάδ' ἐκτίνουσαν, ἢν εὔνοις παρῇ·
ἀλλ' ἐν τάχει τι πρασσέτον.

Der Sinn scheint πρασσέτω [1]) zu verlangen, vgl. oben πραξάτω; vielleicht auch ist, wie ich schon früher vorgeschlagen, ἐκτελοῦσαν (die Handschriften ἐκτείνουσαν) zu lesen, vgl. einige Verse später ἀλλ' εἰμ' ἐγὼ τελοῦσα.

Wenn Oedipus, v. 517 seqq., den Chor bittet:

μὴ πρὸς ξενίας ἀνοίξῃς
τᾶς σᾶς πέπονθ' ἔργ' ἀναιδῆ,

so ist diese Fassung ebenso unmetrisch als ungrammatisch, insofern ἀνοίξῃς nicht wohl ohne Object stehen kann. Darum hat man ziemlich allgemein Reisig's Vermuthung angenommen τᾶς σᾶς, ἃ πέπονθ', ἀναιδῆ. Doch ist das letztere Wort unstatthaft und es ist wohl ἄναυδα zu lesen, wozu ein Erklärer gar wohl ἔργα schreiben konnte, bei Bergk's ὀνείδη erklärt sich dieses eingeschobene ἔργα weniger.

Die dem Gedanken nach so klaren, der Form nach dagegen so schwer herstellbaren Worte des Oedipus v. 525 :

---

[1]) Oder, um das lästige ἐν τάχει τι, wofür Schneidewin τῷ schrieb, zu beseitigen ἀλλ' ἐν τάχει περαινέτω?

ἤνεγκον κακότητ᾽, ὦ ξένοι, ἤνεγκον ἄκων μὲν, θεός ἴστω,
τούτων δ᾽ αὐθαίρετον οὐδὲν —

(wobei ἄκων dem Metrum widerstrebt, μὲν ohne Correlation ist [1])
und der zweite Vers demjenigen der Strophe nicht entspricht),
können vielleicht also geheilt werden:

ἤνεγκον κακότητ᾽, ὦ ξένοι, ἤνεγκον · ἀ γ ῶ ν μ ὴ ν ,
θεὸς ἴστω,
αὐθαίρετον οὐδέν ἐ σ τ ι.

„piaculorum vero meorum nullum spontaneum est.“ Der Chor
frägt nun wieder, nach den Handschriften,

ἀλλ᾽ ἐς τί;

ohne dass Jemand diese sonderbare Wendung zu erklären gewusst hätte, vom Scholiasten weg (ἀλλ᾽ ἐς τί χωρήσει σοι τὰ
πράγματα;) bis zu den Neuern (welche ἐς τί ἀποβλέπων φῆς
ἄκων ἐνεγκεῖν oder ähnlich interpretiren!) Ich meine, der Chor
kann kaum anders fragen, als :

ἀλλ᾽ ἦ ν τί;

„Was war es denn?“ wie später, auf Oedipus' Versicherung
v. 544 οὐκ ἔρεξα, der Chor frägt τί γάρ; —

V. 544 seqq.:

ἐδεξάμην
δῶρον, ὃ μήποτ᾽ ἐγὼ ταλικάρδιος
ἐπωφέλησα πόλεος ἐξελέσθαι.

Glaubt man wirklich im Ernst, dass diess so viel heissen könne
als ἐπωφέλησα τὴν πόλιν, ὥστε μήποτε αὐτῆς ἐξελέσθαι τοῦτο
τὸ δῶρον — ? Dann ist den Dichtern überhaupt alles erlaubt
und die licentia poetica ohne Schranken. Ich denke :

ἐδεξάμην
δῶρον ὃ μήποτ᾽ ἐγὼ ταλικάρδιος
εἴθ᾽ ὤφελον ἄρα πόλεος ἐξελέσθαι

— wodurch mit dem entsprechenden Vers der Antistrophe die
genaueste Responsion hergestellt ist. Möglicher Weise hat indess Sophocles geschrieben:

εἴθ᾽ ὤφελον ἀ π ὸ πόλεος ἐξελέσθαι —

Als der Chor den Oedipus des Nähern über den Mord des

---

[1]) Denn ἄκων μὲν und αὐθαίρετον δ᾽ οὐδὲν ist doch kein Gegensatz.

Vaters fragen will, erschrickt dieser bei dem Wort πατρὸς
v. 549 und ruft:

παπαῖ, δευτέραν ἔπαισας ἐπί νόσῳ νόσον

ἔπαισας kann füglich nicht anders übersetzt und erklärt werden als „mihi inflixisti“, aber der Schlag ist ja längst geschehen
und höchstens könnte man annehmen, Oedipus fühle sich durch
die Wiedererinnerung an denselben von frischem getroffen,
aber diese Brachylogie wäre doch zu kühn. Ich freue mich,
dass auch Heimsœth Anstoss genommen und geschrieben hat
ἔλεξας — diess klingt allerdings deutlich, das Verderbniss wird
aber dadurch nicht erklärt. Ich lese:

παπαῖ, δευτέραν ἄϊσας ἐπὶ νόσῳ νόσον

(ἄϊσας Aoristus ohne Augment von ἀίω, „Du hörtest auch von
meiner zweiten Schuld!“ Dass der Aorist dieses Verbums
sonst im classischen Griechisch nicht vorkommt, kann Zufall
sein, da Herodot (IX, 93) ihn wenigstens vom compositum
ἐπαίω bildet, ebenso Apollon. Rhodius II, 195).

Wenn nun Oedipus sich wegen seines Vatermordes glaubt
entschuldigen zu können (ἔχει δέ μοι πρὸς δίκας τι) und dem
verwundert fragenden Chor — τί γάρ; — zur Antwort gibt:

ἐγὼ φράσω.
καὶ γὰρ ἁλοὺς ἐφόνευσα καὶ ὤλεσα,
νόμῳ δὲ καθαρός, ἄϊδρις εἰς τόδ᾽ ἦλθον. —

so ist nicht zu bezweifeln, dass Reisig's Behauptung richtig
ist: eo se purgare Oedipum, quod lacessitus imminentem sibi
caedem caede amoverit; auch Hermann anerkennt diese Auffassung, widerspricht ihr aber in der Folge, indem er ἁλοὺς
durch „convictus“ übersetzt (nach Dœderlein). Noch Meineke
schützt, wenn auch in ganz anderer Weise, dieses ἁλοὺς, das
er durch *oppressus* erklärt. Allein eine so scharfe Bedeutung,
welche das φονεύειν oder ἀπολλύναι motiviren soll, konnte correkter Weise nicht mit dem ziemlich vagen und unbestimmten
Begriff ἁλοὺς verbunden werden, der doch auch noch vieles
Andere bezeichnen kann. Dazu kommt, dass handschriftlich
ἄλλους überliefert ist und, statt ἀπώλεσα allein, καὶ ἀπώλεσα.
Wie, wenn nun Sophocles die Motivirung so gestellt hätte:

καὶ γὰρ ἐμοὺς φονέας ἀπολώλεκα — ?

Dadurch ist auch die lästige Tautologie ἐφόνευσα καὶ ὤλεσα vermieden, das Perfektum ἀπολώλεκα aber ist desswegen ganz am Platze, weil natürlich die Wirkung des ἀπολλύναι (der Tod) immer noch fortdauert.

V. 595: Κεῖνοι κομίζειν κεῖσ’ ἀναγκάσουσί με ist eine Unkonstruction trotz aller künstlichen Erklärungen; man wird sich entschliessen müssen, entweder Meineke's Κεῖνοι κ. κ. ἐπαξιοῦσί με, oder, was ich selber vorschlage, Κεῖνοι βαδίζειν κεῖσ’ ἀναγκάσουσί με, anzunehmen.

V. 601: πέπονθα, Θησεῦ, δεινὰ πρὸς κακοῖς κακὰ — Wohl klingt πρὸς κακοῖς κακὰ ächt griechisch, allein man lässt sich bei dergleichen Ausdrücken doch gar leicht verführen, der Gewohnheit ohne weitere Prüfung sich hinzugeben und sogar von Auge und Ohr sich gängeln zu lassen; ἕτερα, διπλᾶ, μυρία u. s. w. πρὸς κακοῖς κακὰ — wer würde dergleichen anzutasten wagen? Aber hier liegt die Sache anders. Ich vermuthe, Sophocles schrieb δεινὰ πρὸς κακῶν κακὰ, atrocia per sceleratos mala perpessus sum; die κακοί sind zunächst seine Söhne (606 γῆς ἀπηλάθην πρὸς τῶν ἐμαυτοῦ σπερμάτων).

In den Worten des Theseus v. 644 seqq:

εἰ δ’ ἐνθάδ’ ἡδὺ τῷ ξένῳ μίμνειν, σέ νυν
τάξω φυλάσσειν · εἰ δ’ ἐμοῦ στείχειν μέτα
τόδ’ ἡδύ, τούτων, Οἰδίπους, δίδωμί σοι
κρίναντι χρῆσθαι · τῇδε γὰρ ξυνοίσομαι —

klafft hinter der zweiten Protasis εἰ δ’ ἐμοῦ στείχειν μέτα eine Lücke, welche durch keine Erklärung, noch leichtere Aenderung beseitigt werden kann. Meineke hat darum, dem Sinn nach ganz entsprechend, als Apodosis gebildet:

αὐτοὶ φυλάξομέν σφε μὴ πάσχειν κακῶς

Die Form (Cäsur) hätte er besser gewahrt durch:

αὐτὸς φυλάξω σ’ ὥστε μὴ πάσχειν κακῶς.

Das Folgende glaube ich nun also schreiben zu sollen:

τὸ δ’ ἡδύ τούτων, Οἰδίπους, δίδωμί σοι
κρίναντι χρῄζειν · τῇδε γὰρ ξυνοίσομαι —

„Horum utrum gratum fuerit, optandi facio tibi potestatem" (zwei Verse weiter heisst es τί χρῄζεις ;).

In der letzten Rede des Theseus vor der Parodos hat

Meineke sich zu verschiedenen Aenderungen veranlasst gesehen, mit denen sich nicht Jeder wird einverstanden erklären, so v. 664.:

> πολλαὶ δ᾽ἀπειλαὶ πολλὰ δὴ μάτην ἔπη
> θυμῷ κατηπείλησαν, ἀλλ᾽ ὁ νοῦς ὅταν
> αὐτοῦ γένηται, φροῦδα τἀπειλήματα,

wo er θυμῷ κατεξέπνευσαν geschrieben hat, ohne die ganze Satzkonstruction zu ändern; denn hier liegt die Verderbniss. Wenn Hermann behauptet, der Sinn sei: multæ jam minæ multa inania per iram minatæ sunt (so dass also minæ selbst gleichsam als Subject personificirt würden), so ist diess um so weniger glaublich, als schon der Scholiast anders gelesen zu haben scheint, wenn er sagt: ἀντὶ τοῦ πολλοὶ ἄνθρωποι πολλὰ ἀπειλήσαντες ἐκ θυμοῦ, πέψαντες τὸν θυμὸν καὶ τὸν καθεστηκότα νοῦν ἀναλαβόντες ἐπαύσαντο τοῦ ἀπειλεῖν. Die Construction wird dagegen griechisch und logisch, wenn wir die, bei attischen Dichtern allerdings seltenere, aber gleichwohl beglaubigte Form der III. plur. Aorist. I. pass. setzen:

> πολλαὶ δ᾽ ἀπειλαὶ· πολλὰ δὴ μάτην ἔπη
> θυμῷ κατηπειλῆθεν —

Weiter heisst es:

> κείνοις δ᾽ ἴσως κεὶ δείν᾽ ἐπερρώσθη λέγειν
> τῆς σῆς ἀγωγῆς, οἶδ᾽ ἐγώ, φανήσεται
> μακρόν τὸ δεῦρο πέλαγος οὐδὲ πλώσιμον —

nach Hermann: si illis eo crevit fiducia, ut gravia de te reducendo minarentur — und allerdings muss in δεινὰ λέγειν ein der Drohung verwandter Begriff liegen, soll der Zusammenhang bestehen — aber wovon hängt der Genitiv τῆς σῆς ἀγωγῆς ab? Darf man mit dem Scholiasten annehmen λείπει ἡ περὶ, ἵν᾽ ᾖ περὶ τῆς σῆς ἀγωγῆς? Unmöglich — oder mit Hermann denselben zum Nachsatz ziehen? Diess verbietet schon das Adverb δεῦρο, welches doch wenigstens ein ἐντεῦθεν sein müsste. Ich sehe keinen Ausweg als wir schreiben:

> κεὶ δείν᾽ ἐπερρώσθη λέγειν
> τὰ τῆς ἀρωγῆς —

δεινὰ λέγειν τινὰ = δεινῶς λέγειν τινά, wie κακὰ λέγειν und κα-

κῶς λέγειν: „wenn sie sich drohend äussern über den Umstand, dass ich dir helfe."

Es folgt:

θαρσεῖν μὲν οὖν ἔγωγε κἄνευ τῆς ἐμῆς
γνώμης ἐπαινῶ, Φοῖβος εἰ προὔπεμψέ σε ·
ὅμως δὲ κἀμοῦ μὴ παρόντος οἶδ᾽ (ἴσθ᾽?) ὅτι
τοὐμὸν φυλάξει σ᾽ ὄνομα μὴ πάσχειν κακῶς.

Hier sind allerdings die Worte *κἄνευ τῆς ἐμῆς γνώμης* bedenklich, selbst wenn sie bedeuten sollen „etiam si ego non spondeam tibi auxilium" — denn was sollte dieser Zusatz nur sagen wollen, nachdem Theseus den Oedipus seines Schutzes versichert hat? Ferner, bietet dann das Folgende *ὅμως δὲ κἀμοῦ μὴ παρόντος*, was man doch erwarten sollte!, das Correktiv oder die Position zu jenem *ἄνευ τῆς ἐμῆς γνώμης?* heisst es mit andern Worten: Nun aber, da ich dir Hülfe zugesagt habe —? Keineswegs. Was aber Meineke, in richtiger Einsicht dieses Missverhältnisses der Sätze, corrigirt hat *κἄπὸ τῆς ἐμῆς ῥώμης* (letzteres in der Bedeutung „Hülfe") wird kaum Beifall finden, denn *θαρσεῖν ἀπό τινος* ist eine gewagte Construction. Ich schreibe *θαρσεῖν μὲν οὖν ἔγωγε σ᾽εὖ τὸ τῆς ἐμῆς γνώμης ἐπαινῶ* —

„Ich heisse dich getrost auf meine Entschliessung (meinen guten Willen) bauen" — und nun folgt:

„Wenn ich auch nicht anwesend sein sollte, so wird *gleichwohl* mein Name allein dich sicher schützen."

An *ὅμως* (welches Meineke in *ἄλλως* geändert hat) ist also nicht zu rütteln: es leitet einfach den Nachsatz *τοὐμὸν φυλάξει σ᾽ὄνομα* ein, dessen Vordersatz *κἀμοῦ μὴ παρόντος* concessiv ist, d. h. *καὶ εἰ μὴ παρείην,* etiamsi non adsim. Dass *ὅμως* dichterisch vor dem concessiven Nebensatz steht, hat durchaus nichts Auffälliges, vgl. *πρὸς δὲ τὰς πράξεις ὅμως, καὶ τηλικός δ᾽ ὢν ἀντιδρᾶν πειράσομαι*: nihilo minus quamquam in hac conditione sum constitutus, v. 959.

Die prachtvolle, nach Form und Inhalt gleich ausgezeichnete Parodos stellt den Philologen immer noch Aufgaben und einzelne Probleme, deren Lösung der wetteifernden Anstrengung der Critiker noch nicht überall gelungen ist. Wo Nie-

mand Fehler entdeckte, hat Meineke, der gleiche, welcher in
der Vorrede sein scharfes Verdikt gegen die kühnen Neuerer
bei Sophocles ausspricht, sein argwöhnisches Auge hingeheftet
und Schäden entdeckt — so vermuthet er v. 693 (nach Her-
mahn's Ausgabe 1825) in der Schilderung des Kephissus οὐδ'
ἄϋπνοι κρῆναι μινύθουσι Κηφισσοῦ γονάδες ῥεέθρων — statt
des handschriftlichen νομάδες, und wenn man ihm hier vielleicht nicht beistimmt, so wird seine Aenderung σπερμούχου
χθονός (v. 697) gewiss Billigung finden, denn στερνούχου d. H. ist
schon wegen seiner Allgemeinheit, welche verschieden gedeutet
werden kann, bedenklich, während σπερμούχου gerade denjenigen Begriff enthält, welchen die Umgebung erfordert und den
auch der Scholiast verlangt, wenn er στερνούχου χθονός erklärt
durch ἴσον τῷ, γονίμου γῆς. Dagegen darf man sich wundern,
dass noch Niemand Anstoss genommen hat an v. 694 ἀλλ' αἰὲν
ἐπ' ἤματι ὠκυτόκος πεδίων ἐπινίσσεται ἀκηράτῳ σὺν ὄμβρῳ.
Man bezieht sich für den Ausdruck αἰὲν ἐπ' ἤματι gewöhnlich
kurzweg auf das gerade vorhergegangene (v. 688) κατ' ἦμαρ αἰεὶ
(sc. θάλλει νάρκισσος), welches allerdings „immerdar Tag vor
Tag" bedeutet (vgl. Eurip. Troad. v. 407 ἀεὶ κατ' ἦμαρ), dasselbe, was in der Prosa καθ' ἑκάστην ἡμέραν, auch wohl ἀνὰ
πᾶσαν ἡμέρην, bei Herodot, der noch ἀεὶ hinzufügt; aber damit
ist die Erklärung von αἰὲν ἐπ' ἤματι noch nicht abgethan, trotz
dem Scholiasten, welcher einfach ἀεὶ καθ' ἡμέραν erklärt. Auch
Reisig begnügt sich zu sagen: Ἐπὶ autem præpositio hac pacto
valet post: die post diem. Gewiss, aber dann muss das Anti-
cedens als solches specificirt, es darf nicht αἰὲν sein, denn dieses hat kein Subsequens. Man könnte nun zwei Verse der
Odyssee anführen, welche zu Gunsten der Vulgata zu sprechen
scheinen:

XIV, 105 τῶν αἰεί σφιν ἕκαστος ἐπ' ἤματι μῆλον ἀγινεῖ

und X, 105 τρὶς μὲν γάρ τ' ἀνίησιν ἐπ' ἤματι —

— und wirklich nehmen hier die Erklärer und Lexicographen
an, dass ἐπ' ἤματι „tagtäglich, Tag für Tag" heisse. Die erste
Stelle scheint vollends der unsrigen ähnlich zu sein, hat sie
doch sogar noch ἀεί. Und doch bezweifle ich die Richtigkeit

der Erklärung. Was die zweite Stelle (X, 105) betrifft, so ist die Erledigung leicht: ohne $\tau\varrho\,\iota\varsigma$ würde gewiss $\dot{\epsilon}\pi$’ $\ddot{\eta}\mu\alpha\tau\iota$ nie „täglich“ bedeuten können; auch so ist der Begriff „täglich“ nur eine natürliche Folgerung, $\tau\varrho\iota\varsigma$ $\dot{\epsilon}\pi$’ $\ddot{\eta}\mu\alpha\tau\iota$ heisst weiter nichts als *dreimal des Tages, dreimal am Tage*, d. i. „dreimal täglich“. An der ersten Stelle aber bezweifle ich gleichfalls, ob ohne $\ddot{\epsilon}\varkappa\alpha\sigma\tau o\varsigma$ jenes $\dot{\epsilon}\pi$’ $\ddot{\eta}\mu\alpha\tau\iota$ stehen würde: es ist dort von den Unterhirten ($\dot{\alpha}\nu\dot{\epsilon}\varrho\epsilon\varsigma$ $\dot{\epsilon}\sigma\vartheta\lambda o\dot{\iota}$) die Rede, von denen jeder (d. h. abwechselnd einer) des Tages den Freiern ein Stück von der Heerde zuführte — *jeder je an einem Tage;* das heisst dann *je einer an jedem Tage.* — Ich vermag auch, abgesehen von diesen Bedenken, keine sonderliche oder des Dichters würdige Schönheit zu entdecken in der Abwechslung $\varkappa\alpha\tau$’ $\ddot{\eta}\mu\alpha\varrho$ $\alpha\dot{\iota}\epsilon\dot{\iota}$ und $\alpha\dot{\iota}\dot{\epsilon}\nu$ $\dot{\epsilon}\pi$’ $\ddot{\eta}\mu\alpha\tau\iota$. Wollte Sophocles denselben Begriff („tagtäglich“) wirklich wiederholen, so wäre wenigstens die Form

$$\ddot{\eta}\mu\alpha\varrho\;\dot{\epsilon}\pi'\;\ddot{\eta}\mu\alpha\tau\iota$$

angemessener gewesen, weil weniger ärmlich: Es könnte dann $\alpha\dot{\iota}\dot{\epsilon}\nu$ als Glosse dieses Ausdrucks sehr wohl in den Text gerathen sein und das erste $\ddot{\eta}\mu\alpha\varrho$ verdrängt haben. Indessen auch *diese* Art der Wiederholung hat für denjenigen, welcher in der Beurtheilung dichterischer Werke nächst dem philosophischen, auch den poetischen Canon berücksichtigt und in sein Recht treten lässt, etwas Ungenügendes, und für mich ist es gar nicht unwahrscheinlich, dass an der Stelle von $\ddot{\eta}\mu\alpha\tau\iota$ ($\ddot{\alpha}\mu\alpha\tau\iota$) ursprünglich ein $\nu\dot{\alpha}\mu\alpha\tau\iota$ stand, etwa $\alpha\dot{\iota}\epsilon\dot{\iota}$ δ’ $\ddot{o}\delta\epsilon$ $\nu\dot{\alpha}$-$\mu\alpha\tau\iota$ $\dot{\omega}\varkappa\upsilon\tau\dot{o}\varkappa o\varsigma$. (Ueber das letztgenannte Adjectiv und seine Betonung genügt es auf Ellendt Lexic. Sophocl. zu verweisen, aber auch hier liegt wieder ein Beweis, wie vieles die Critrik noch zu berichtigen und festzustellen hat in diesem berühmten Gesang.) —

Am meisten übrigens ist wohl schon gesprochen und vermuthet worden über die Stelle 207 der Strophe β'

$\tau\dot{o}$ $\mu\dot{\epsilon}\nu$ $\tau\iota\varsigma$ $o\ddot{\upsilon}\tau\epsilon$ $\nu\epsilon\alpha\varrho\dot{o}\varsigma$ $o\ddot{\upsilon}\tau\epsilon$ $\gamma\dot{\eta}\varrho\dot{q}$

$\sigma\eta\mu\alpha\dot{\iota}\nu\omega\nu$ $\dot{\alpha}\lambda\iota\dot{\omega}\sigma\epsilon\iota$ $\chi\epsilon\varrho\dot{\iota}$ $\pi\dot{\epsilon}\varrho\sigma\alpha\varsigma$ —

und zwar über die Worte sowohl als über deren Bedeutung. Erstlich passt $o\ddot{\upsilon}\tau\epsilon$ $\nu\epsilon\alpha\varrho\dot{o}\varsigma$ so wenig in's Metrum als die gleichfalls überlieferte Lesart des Triclinius $o\ddot{\upsilon}\tau\epsilon$ $\nu\dot{\epsilon}o\varsigma$ (es ist statt dessen οὐ νεαρὸς, von Porson, εὔωρος versuchsweise, von Hermann, der übrigens am Ende sich für οὐ 'νέος entscheidet, wie nach ihm Meineke, οὐϑ' ἁβὸς von Dindorf, οὔτ' ἔαρος von Bergk, endlich von Ritschl in seinem Programm über die Parodos ἀκμαῖος vorgeschlagen worden. Aber auch die Auffassung ist eine verschiedene. Während seit Reisig angenommen wurde, dass mit νέος (oder wie nun dessen Stellvertreter heissen mag) Xerxes, der Perserkönig, mit γήρᾳ σημαίνων der lacedaemonische König und Feldherr Archidamos gemeint sei, ist in neuerer Zeit diese Annahme als völlig unbegründet zurückgewiesen und behauptet worden, der Ausdruck sei ganz allgemein zu verstehen und nichts anderes als das homerische νέοι ἠδὲ γέροντες — er bedeute also schlechterdings *Niemand*. Dagegen ist aber einzuwenden, 1) die scharfe Trennung durch οὔτε—οὔτε, welche durch das vorhergehende τις noch verstärkt wird 2) und hauptsächlich, das beigegebene σημαίνων, welches neben jener angenommenen Allgemeinheit plötzlich wieder specialisirt, d. h. die Allgemeinheit wieder aufhebt. Allerdings ist dieser Einwurf sofort beseitigt, wenn wir Meineke's ebenso einfache als glänzende Conjectur ἠλαίνων statt σημαίνων aufnehmen, einfach desswegen, weil er das anfangende Sigma von σημαίνων zum vorhergegangenen Wort (γήρᾳ) als Schlussconsonanten zieht und schreibt γηρὰς ἠλαίνων. In der Schreibung γηρὰς war ihm Ritschl vorangegangen. Ich zweifle nicht, dass diese Lösung Meineke's von vielen, vielleicht von den Meisten, als die endgültige, allein richtige wird begrüsst werden und es hält schwer, sich dagegen zu sträuben. — Gleichwohl — ich kann mir dieselbe nicht aneignen. Nicht desswegen, weil γηρὰς ein ἅπαξ λεγόμενον bei Homer ist, oder weil dasselbe ungefähr der Fall ist mit ἠλαίνων (bei Callimachus) — obschon es denn doch auffällig ist, zwei also qualificirte Worte successive bei Sophocles zu finden — sondern darum, weil v. 703 ἐγχέων φόβημα δαΐων augenscheinlich mit Bezug auf bestimmte Vorfälle oder wenigstens Voraussetzungen gesagt ist und jene farblose Allgemeinheit sich nicht damit verträgt, ferner aber weil auch innerlich, poetisch, die Hervorhebung eines speciellen Etwas verlangt wird und wir dem

Dichter Unrecht thun würden, ihm hier diesen Gemeinplatz von „Alt und Jung" noch dazu in dieser abweichenden Wendung, dieser scharfen Gegenüberstellung zuzumuthen. Wir werden also unsern σημαίνων — Ritschl meint σημάντωρ — wohl behalten müssen, und ich mache hier noch einen Umstand geltend, welcher meiner Meinung nach schwer in's Gewicht fällt zu Gunsten dieses σημαίνων — nämlich die unläugbare, durch die Umstände beinah gebotene Rücksichtnahme auf *Creon* selber, den σημάντωρ Θήβας, dessen wahrscheinliche Absicht, den Oedipus gewaltsam wegzuholen, dieser dem Theseus wie dem Chore wiederholt mitgetheilt hat, und dessen Erscheinen sofort nach Beendigung der Parodos gemeldet wird. Soll nun aber Creon zu einem andern Heerführer in Gegensatz gebracht werden (οὔτε—οὔτε), so wäre wahrlich das Alter ein sehr untergeordneter, auffallender Begriff, ein sonderbares Motiv der Unterscheidung. Meines Bedünkens ist es nicht nur viel gerechtfertigter, sondern auch viel poetischer, den Chor von *fremdem* und von *einheimischen* Heerführern sprechen und diese, trotz ihrer in eben dieser Eigenschaft liegenden und viel bedeutungsvoller hervortretenden Verschiedenheit in *dem* Punkt einmüthig handeln zu lassen, dass sie Athenen's heiligen Oelbaum verschonen. Mit den „fremden" Heerfürsten zielt nun aber der Dichter, respective der Chor in erlaubter, ächt dichterischer Weissagung auf den Xerxes, der „die heilige Olive nicht hatte tilgen können, obschon er sie zerstört hatte (daher ἁλιώσει χερὶ πέρσας), mag er sie auch durch Handanlegen vernichtet haben" (Schneidewin). Ich meine, Sophocles schrieb:

τὸ μάν τις ὀθνεῖος οὔτε Θήβας

σημάντωρ ἁλιώσει —

der Schritt von ὀθνεῖος zu οὔτε νέος ist nicht gross und wenn einmal geschehen, so musste er γηρας herbeiführen statt Θήβας. Man könnte auch vermuthen τὸ μάν τις ὀθνεῖος οὔτ᾽ ἀγωγὸς Θηβαίων ἁλιώσει χ. π. — dem Gedanken nach dasselbe, der Form nach vielleicht nicht weniger empfehlenswerth, ausser dass die Form ἀγωγὸς vom „Heerführer" nicht gebräuchlich war. Ich habe, wie man sieht, das handschriftliche mir nicht

verständliche μὲν (τὸ μέν τις u. s. w.) in μὰν zu ändern ge-
wagt, und glaube kaum mich desswegen rechtfertigen zu müssen. Dem etwaigen Einwand, dass Xerxes nicht könne gemeint sein mit οὔτε νέος, respect. ὀθνεῖος, weil dieser ja den
Oelbaum der Athene nicht „mit der Hand vernichtet“, also
doch wohl umgehauen, sondern durch Feuer zerstört habe
(Herod. VIII, 55) will ich nicht mit einer unnöthigen Conjectur (πυρὶ πρήσας), sondern mit der Bemerkung begegnen,
dass mit χειρὶ jede *gewaltsame* Art der Zerstörung, also auch
die durch Feuer bezeichnet werden kann.

Die grammaticalische und metrische Rechtfertigung von
τὸ μὰν τις ὀθνεῖος hält nicht schwer: um mit dem Metrum zu
beginnen, welches eine Länge verlangt in der ersten Silbe von
ὀθνεῖος, so lesen wir im gleichen Chorgesang v. 691 ἄϋπνοι,
v. 693 ῥεεθρων, wir finden im gleichen Drama τέκνον und
ιἔκνον, πᾶτρος und πάτρος, πῖκρα und πίκρα (vgl. nach Schneidewin's Ausg. v. 81, 156, 252, 327, 353, 442, 606. 615, 971, 975,
332, 388) sogar im gleichen Verse (442 Schneid.), vgl. auch den
Anfang des berühmten Chorliedes im Philoctet
ὕπν' ὀδύνας ἀδαὴς ὕπνε δ' ἀλγέων —
so dass, wenn allerdings die Position der Mediä mit μ u. ν die
regelrechte und gesetzliche ist, dennoch auch die vorliegende
durchaus gesichert erscheint. (Theocrit oder Pseudotheocrit
bedient sich beider Messungen in unserem Adjectiv, ὀθνεῖος
vgl. Epigr, VIII, 4 bei Fritzsche: πατρίδος ὀθνείην κεῖμαι
ἐφεσσάμενος und ibid. XXIII. 3 ἄλλος τις πρόφασιν λεγέτω, τὰ
δ' ὀθνεῖα Κάϊκος —)
Was aber die Grammatik betrifft (ὀθνεῖος οὔτε Θήβας =
οὔτε ὀθνεῖος οὔτε Θήβας) so ist diese Erscheinung eine im
dichterischen Sprachgebrauch nicht seltene (s. Lobeck zu
Soph. Ajas v. 244 [1]); vgl. Theocrit Epigr. VI, 6 ὄστεον οὔτε
τέφρα λείπεται οἰχομένας *neque* ossa nec cinis) und beschränkt
sich nicht auf die nur einmalige Setzung von οὔτε, sondern
auch εἴτε, wo es mit sich selbst correspondiren sollte (sive-
sive) wird hie und da nur vor dem zweiten Gliede gebraucht.

---

[1] und Matthiæ Grammat. II. p. 1448.

ὦ πλεῖστ᾽ ἐπαίνοις εὐλογούμενον πέδον,
νῦν σοι τὰ λαμπρὰ ταῦτα δεῖ φαίνειν ἔπη —

sagt Antigone, v. 724 seqq., unmittelbar nach Absingung der
Parodos, welches Hermann übersetzt: nunc comprobare te veri-
tatem oportet harum splendidarum laudum, mit Hinweisung
auf Trach. v. 238:

— εὐκταῖα φαίνων, ἢ 'πὸ μαντείας τινός; —

jedoch hier steht die Sache etwas anders, wo das Verbum,
auf welches φαίνων „rata faciens", Bezug nimmt, gerade vor-
her (ὁρίζεται) erwähnt ist. An unsere Stelle dagegen, wo nur
vom φαίνειν eben gesprochener Worte die Rede ist, sollte man
meinen, könne φαίνειν ἔπη eben auch nur dieses bedeuten, und
gerade der Gegensatz zwischen Rede und That, welcher hier
in aller Schärfe gefordert wird, scheint zu verlangen:

νῦν σοι τὰ λαμπρὰ ταῦτα δεῖ κραίνειν ἔπη.

Creon leitet sein erstes Auftreten mit den Worten ein
v. 731 seqq.

ἄνδρες χθονὸς τῆσδ᾽ εὐγενεῖς οἰκήτορες,
ὁρῶ τιν᾽ ὑμᾶς ὀμμάτων εἰληφότας
φόβον νεώρη τῆς ἐμῆς ἐπεισόδου —

wobei man doch wohl bezweifeln darf, ob der Dichter so
merkwürdig abweichend vom sonstigen Sprachgebrauch sollte
gesagt haben λαμβάνω φόβον statt φόβος λαμβάνει με „Schrecken
ergreift mich", d. h. an unserer Stelle:

ὁρῶ τιν᾽ ὑμᾶς ὀμμάτων εἰληφότα
φόβον νεώρη —

Bald darauf folgt v. 739 seqq.:

ἀλλ᾽ ἄνδρα τόνδε τηλικόσθ᾽ ἀπεστάλην
πείσων ἕπεσθαι πρὸς τὸ Καδμείων πέδον,
οὐκ ἐξ ἑνὸς στείλαντος, ἀλλ᾽ ἀνδρῶν ὕπο
πάντων κελευσθείς, οὕνεχ᾽ ἧκέ μοι γένει
τὰ τοῦδε πενθεῖν πήματ᾽ εἰς πλεῖστον πόλεως.

Nicht, weil ich die Synizese in der Form πόλεως bean-
stande (welche sich z. B. auch Antig. 194, 652, 834, 289.
Oed. rex. 630) findet), sondern weil ich in der trockenen Rede
des Creon den Zweck einer gehäuften Alliteration — π π π π —

nicht einzusehen vermag (es ist schon genug an v. 740) vermuthe ich, dass Sophocles geschrieben habe εἰς πλεῖστον λεώ. Obwohl man sich nicht verhehlen darf, dass hier und in ähnlichen Fragen die Grenze zwischen Absicht und Zufall oft recht schwer zu ziehen ist. So folgen sich beispielsweise gerade in derselben Rede als Endworte Schlag auf Schlag v. 748 γέρον ξένον — μιᾶς τάλας. Sind hier Reime bezweckt? Prinzipiell und von vornherein darf der Reim sicherlich nicht geläugnet werden, so wenig als die Alliteration. Ich erwähne für ersteren, aus unserer Tragödie, v. 251 ἢ τέκνον ἢ λέχος ἢ χρέος ἢ θεός — obwohl von Meinecke und Cobet für unächt erklärt — 274 seq. ἱκόμην ἀπολλύμην als Schlusswörter zweier Verse — 318 seq. ἆρ ἔστιν, ἆρ οὐκ ἔστιν; ἢ γνώμῃ πλανῶ; καὶ φημὶ κἀπόφημι κοὐκ ἔχω τί φῶ;

v. 539 seq. αὗται γὰρ ἀπόγονοι τεαὶ
κοιναί γε πατρὸς ἀδελφεαὶ

— besonders häufig findet sich das ὁμοιοτέλευτον in dochmischen Versen [1]) — v. 596 καλόν 598 ξύμφορον 599 ἕα 601 κακὰ 602 ἐρεῖς 604 νοσεῖς am Schluss der jeweiligen Verse — v. 779

---

[1]) vgl. 840 εἴργου ··· σοῦ μεν οὖ, τάδε γε μωμένου und
1696 seqq. καὶ γὰρ ὁ μηδαμὰ δὴ τὸ φίλον φίλον
ὁπότε γε καὶ τὸν ἐν χεροῖν κατεῖχον
ὦ πάτερ ὦ φίλος,
ὦ τὸν ἀεὶ κατὰ γῆς σκότον εἱμένος —
wo allerdings und nicht mit Unrecht Anstoss genommen wird an γε καὶ τὸν, womit Antigone ihren verstorbenen Vater bezeichnen soll. Der Ausdruck hat, scheint mir, etwas zu Unedles, um als unmittelbare Gefühlsäusserung einer trauernden Tochter gelten zu dürfen. Auch ist Schneidewin's Erklärung „insofern ich wenigstens auch ihn (zugleich mit den zu ertragenden κακὰ) in Händen hatte", falsch, weil nur der Umstand allein, dass sie ihren Vater in den Händen hielt, ihr die Erinnerung an das Leiden süss macht. Daher ist καὶ im Text unhaltbar, so sehr ansprechend sonst Ahrens Vermuthung καυτὸν wäre. Ich fürchte, der Reim muss hier preisgegeben werden — die gleich folgenden Verse dieser Strophe enthalten ihn — und der Sinn führt uns auf:

ὁπότε τεκόντα γ᾽ ἐν χεροῖν κατεῖχον.

φιλεῖν 720 τυχεῖν 781 θέλοι 783 φέροι v. 901 μολὼν 902 λεὼν 904 δίστομοι 905 ὁδοὶ 909 ἄξιως 910 χερὸς v. 707 κράτιστον 708 μέγιστον v. 704 κύκλος 705 Διὸς u. s. w. Schwerlich wird Jemand dieses und anderes Aehnliches sofort und jedes Orts zufällig nennen, denn das hiesse dem Dichter Nachlässigkeiten zuschreiben. Wenn Parechesen wie die folgenden sämmtlich unserem Drama entnommenen, augenscheinlich und nach dem übereinstimmenden Urtheil der alten Rhetoren, absichtlich gebraucht und ein Schmuck der Rede sind: αὐτοὶ αὐτίκα — πολλὰ πολλαχῇ — βάσει βάσιν — ἀπατὰ ἀπαταῖς — ἑτέραις ἑτέρα — ὄμμα σὸν ὄμμασι — νόσῳ νόσον — πάνθ᾽ ὁ παγκρατὴς — πόλει πόλιν — μυρίας ὁ μύριος — πολλοὶ πολλὰ πολλοῖς — χάρις χάριν — αὐτοὶ αὐτοῦ — οὐκ εἰδότ᾽ οὐκ εἰδυῖα — κακὰ κακῶν — δύσμορον δύσμορα — γέρων γέροντι — κακῶν κάκιστε u. s. w. — wenn dieses also keine zufälligen Erscheinungen, sondern rhetorische Mittel sind, warum sollte es anders sein mit dem Reim, warum sollten Alliterationen, wie 1222 ἰσοτέλεστος Ἄϊδος ὅτε Μοῖρ᾽ ἀνυμέναιος ἄλυρος ἄχορος ἀναπέφηνε nicht bezweckt sein? Hie und da mag allerdings auch etwas auf Rechnung des Dichters, d. h. ihm zur Schuld fallen, oder noch wahrscheinlicher seinem Alter. Ich berühre hier, was ich oben angedeutet und worauf ich, als Zeichen der wahrscheinlich dem Alter zuzuschreibenden, mangelnden Sorgfalt, hingewiesen habe, Einzelheiten formeller und formellster Natur, welche man nicht als Schönheiten nehmen darf, sondern als Schwächen erklären muss, will man dem Dichter gerecht sein. Und warum sollte der alternde Sophocles das Loos aller Menschen nicht theilen? — Gewiss liegt im zornigen Ausbruch des Tiresias, Oed. R. 371, τυφλὸς τά τ᾽ ὦτα τόν τε νοῦν τά τ᾽ ὄμματ᾽ εἶ eine absichtliche äusserst wirksame Häufung des Consonanten τ [1]), wenn aber im Oedipus Coloneus derselbe ἀθροισμὸς sich findet in der durchaus nicht leidenschaftlich gefärbten Frage v. 389 ποίοισι τούτοις; τί δὲ τεθέσπισται τέκνον; — noch untermischt mit Zischlauten — so muss ein unpartheiischer vorurtheils-

---

[1]) Auch im Oed. Col. möchte ich v. 1065 seqq. die häufige Wiederholung des π nicht tadeln.

freier Sinn diess für eine Unebenheit der Diction erklären, so
gut wie v. 595 *κεῖνοι κόμιζειν κεῖσ' ἀναγκάζουσί με* (wenn der
Vers nicht an einer Stelle verdorben ist) oder wie v. 793 *ἔστιν*
δὲ παισὶ τοῖς ἐμοῖσι τῆς ἐμῆς χϑονὸς — oder v. 1344 *ὥστ' ἐν*
δόμοισι τοῖσι σοῖς στήσω σ' ἄγων.

Eine Schönheit kann ich auch nicht erblicken in den Versen

τὰ πολλὰ γάρ τοι ῥήματ' ἢ τέρψαντα τι
ἢ δυσχεράναντ' ἢ κατοικτίσαντα π ω ς
παρέσχε φωνὴν τοῖς ἀφωνήτοις τ ι ν ὰ

— mit diesen kraftlosen Endwörtern, v. 1283 seqq., und die
übermässige Wiederholung des Begriffs *κακὸς* von v. 1187
(*κακῶς — κάκιστα — κακῶς — κακαὶ*) bis 1192 (woselbst Meineke allerdings gestrichen hat) [1] enthält ebenso wenig eine
poetische Tugend als .die oftmalige Wiederkehr des Etymons
κεῖμαι in v. 1506, 1508, 1515, 1520 (*κεῖσαι προκειμένων κείσεται*
κεῖται), In den beiden Versen 462 und 463 findet sich dreimal
das Pronomen *ὅδε* in den Formen *αἵδε, τῆςδε, τῷδε,*
450—452 ebenfalls dreimal: *τοῦδε, τῆςδε, τῆςδε,* und, zum
Ueberfluss, noch zweimal in der Mitte zwischen den genannten,
v. 458 und 459 *ταῖςδε* und *τῆδε.*. — Aber kehren wir von dieser kurzen Abschweifung zurück zu den Worten Kreons, so
scheint in der Stelle v. 751 seqq.

τὴν ἐγὼ τάλας
οὐκ ἄν ποτ' ἐς τοσοῦτον αἰκίας πεσεῖν
ἔδοξ', ὅσον πέπτωκεν ἥδε δύσμορος —

eine Ungenauigkeit zu stecken. Oder wie will man *ὅσον πέ-*
πτωκεν erklären? Man wird sagen, dass der Accusativ noch
regiert werde von dem vorhergegangenen *ἐς,* aber Beispiele
eines solchen Hinüberwirkens von Präpositionen auf Glieder
eines neuen Satzes wird man nicht leicht finden. Ich schreibe
daher:

ὅσῳ μπέπτωκεν ἥδε δόσμορος

---

[1] Aber auch dann findet sich des Guten, d. h. Schlechten zu viel, denn
es folgt (1197 seq.) alsbald wieder *κακοῦ* und *κακή.*

v. 779 seqq. weist Oedipus Creon's süsse Worte also zurück

> καίτοι τοσαύτη τέρψις ἄκοντας φιλεῖν,
> ὥσπερ τις εἴ σοι λιπαροῦντι μὲν τυχεῖν
> μηδὲν διδοίη μηδ' ἐπαρκέσαι θέλοι,
> πλήρη δ' ἔχοντι θυμὸν ὧν χρήζοις, τότε
> δωροῖθ' ὅτ' οὐδὲν ἡ χάρις χάριν φέροι —
> ἀρ' ἂν ματαίου τῆσδ' ἂν ἡδονῆς τύχοις;

Das Raisonnement ist nur schlagend, wenn „Oedipus non de eius voluptate loquitur qui amet invitum sed de illius qui invitus ametur", denn er bedankt sich jetzt für Creons Anerbietungen, welche nur den Worten nach sich schön ausnehmen (λόγοισιν ἐσθλὰ=λόγ. τερπνὰ), der Sache nach aber schlecht und ein Unglück für den Annehmer sind. „Zu spät"! heisst es auch hier, wo

> οὐκέθ' ἡ χάρις χάριν φέροι.

So, meine ich, muss gelesen werden, statt οὐδὲν; allerdings findet sich dieses oft in adverbialer Bedeutung als verstärktes οὐ, selten jedoch bei activen (transitiven) Verben — Sophocles, vid. Ellendt lex. Soph., liefert höchstens drei Beispiele dieses Gebrauchs — unsere Stelle aber erfordert, abgesehen von diesem äussern Grunde gegen οὐδὲν, den oben angedeuteten Begriff „nicht mehr". —

v. 793 seqq.:

> ἔστι δὲ παισὶ τοῖς ἐμοῖσι τῆς ἐμῆς
> χθονὸς λαχεῖν τοσοῦτον ἐνθανεῖν μόνον.

„Praesens in futuri speciem est positum, ubi res fato constituta ostenditur" sagt Reisig, und mit Recht; ἔσται zu corrigiren wäre überflüssig, dagegen gibt μόνον zu bedenken. Offenbar will und muss Oedipus sagen: „meine Söhne haben gerade so viel Land, um darauf sterben zu können," nun kann aber der Stellung nach jenes μόνον unmöglich zu τοσοῦτον gehören, dem Sinne nach passt es aber nicht zu ἐνθανεῖν, sondern gehörte, wenn es überhaupt ausgedrückt wurde, zum Vordersatz. Fehlt es dagegen, so ist der Ausspruch noch schärfer, denn er erhält einen Anflug bitterer Ironie. Ungern wird dagegen das

5*

Correlativum zu jenem prägnanten τοσοῦτον (= τοσοῦτον μόνον) vermisst; es bietet sich ungesucht in

τοσοῦτον, ἐνθανεῖν ὅσον.

Nach der heftigen Abwehr des Oedipus 765—803, nachdem er am Ende dem Creon dessen ὑπόβλητον στόμα πολλὴν ἔχον στόμωσιν entgegengeschleudert, nachdem er ihn geheissen hat infecta re das Feld zu räumen — ἀλλ᾽ ἴσθι γάρ σε ταῦτα μὴ πείθοντ᾽, ἴθι [1]) entgegnet dieser v. 804 seq.

πότερα νομίζεις δυστυχεῖν ἔμ᾽ εἰς τὰ σά,
ἤ σ᾽ εἰς σὰ σαυτοῦ μᾶλλον ἐν τῷ νῦν λόγῳ;

was der Scholiast erklärt durch: ἀντί τοῦ, ἐν τῷ μὴ πείθεσθαί σε μᾶλλον σὺ δυστυχεῖς ἤ ἐγώ. Jedenfalls ist also δυστυχεῖν eine alte Lesart; und doch ist sie unpassend, denn ἐν λόγῳ kann man doch nicht wohl anders δυστυχεῖν als indem man eine schlechte Rede hält, und dieser Sinn ist hier natürlich nicht am Platze. Ferner ist natürlich, dass Creon mehr auf die zu Ende der vorhergegangenen Rede gegen ihn geschleuderten Vorwürfe Rücksicht nehme und entgegne. Dafür passt aber kein Begriff besser als:

πότερα νομίζεις δυστομεῖν ἔμ᾽ εἰς τὰ σά,
ἤ σ᾽ εἰς τὰ σαυτοῦ μᾶλλον; —

„Glaubst du wirklick, ich habe eher schlimmeres gegen dich (in meiner Rede) gesprochen, als du in der deinigen gegen dich selber (insofern du dir selbst zum Unheil gesprochen hast, während du glaubtest, durch deine δυστομία mich zu treffen)? Das δυστομεῖν wirft umgekehrt Oedipus wieder dem Creon vor, v. 990. Warum man nicht sollte sagen dürfen δυστομεῖν εἴς τι „in Bezug auf“ ist nicht abzusehen, wie denn auch z. B. βλασφημεῖν nicht nur cum Accus, sondern ebenfalls mit εἰς, ja κατὰ verbunden wird. Auch Meineke hat Anstoss genommen an δυστυχεῖν, sein δυστοχεῖν jedoch, so nahe es auch der Form nach liegt, ist erstens ein, so viel ich sehe, sonst

---

[1]) So lese ich und las ich lange bevor Meineke aus dem handschriftlichen ἀλλ᾽ οἶδα γάρ σε ταῦτα μὴ πείθων ι. — ἀλλ᾽ ἴσθι γάρ με τ. μ. π. ι. gemacht hatte. πείθοντ᾽ entbehrt nicht jeder handschriftlichen Autorität, s. Reisig ad loc.

nicht gebrauchtes Wort, dann aber fehlt darin jede Bezug-
nahme auf die beleidigenden Aeusserungen des Oedipus. —
Dieser heisst ihn nun nochmals sich entfernen, v. 811 seqq. :

    ἄπελϑ᾽ ἐρῶ γὰρ καὶ πρὸ τῶνδε, μηδέ με
    φύλασσ᾽ ἐφορμῶν —

worauf Creon erwidert :.

    μαρτύρομαι τούσϑ᾽, οὐ σὲ, πρὸς δὲ τοὺς φίλους
    οἷ᾽ ἀνταμείβει ῥήματ᾽ ἤν σ᾽ ἕλω ποτέ.

Wenige Stellen der Tragödie haben mehr Aenderungs-
versuche erfahren als diese. Noch zuletzt hat Meineke geschrieben :

    μαρτύρομαι — τούσϑ᾽ οὐχὶ, πρὸς δὲ τοὺς φίλους
    οἷ᾽ ἀνταμείψει ῥήματ᾽, ἤν σ᾽ ἕλω ποτέ.

Wird die handschriftliche Ueberlieferung beibehalten — das
Scholion zu der Stelle bietet, da es selbst verdorben ist, keine
Hülfe — so bleibt nichts übrig als ἤν σ᾽ ἕλω ποτὲ tür einen
Nebensatz ohne Apodosis zu halten, wie Hermann thut, der
nach οὐ σὲ voll interpungirt und übersetzt: qualia vero dicta
amicis respondes si te unquam cepero — und meint, den Haupt-
satz, horum mihis pœnas dabis, habe Creon verschwiegen. Sicher
ist jedenfalls, dass Creon „μαρτύρομαι τούσϑ᾽, οὐ σὲ dicit, quia
Oedipus pro Atheniensibus se respondere dixerat“, (Herm.) und
dass οἱ φίλοι nicht die Thebaner sein können (was man durch
die Interpunction πρὸς δὲ, τοὺς φίλους zu erreichen glaubte),
denn φίλοι (des Oed.) waren ja auch die den Chor bildenden
Athener, so dass sich Creon sehr zweideutig und unverständlich müsste ausgedrückt haben, wenn er seine Thebaner gemeint hätte. Die sonst geistseiche Vermuthung von Sehrwald
(quæst. crit. et exeg. in Oed. Colon. spec.):

    μαρτύρομαι τούσϑ᾽, εἰ σὺ πρός γε [1]) τοὺς φίλους
    τοιαῦτ᾽ ἀμείψει ῥήματ᾽, ἤν σ᾽ ἕλω ποτέ —

leidet an dem Uebelstande, dass, bei *diesem* Inhalt von φίλοι
nicht mehr die Rede sein kann, denn ist es einmal *so weit* gekommen, so hört zwischen Oedipus und Creon die Freundschaft auf. Ich habe gedacht, einestheils um die zweifelhafte

---

[1]) Welches eine allerdings schwache handschriftliche Beglaubigung hat.

Verbindung ἀνταμείβεσθαι πρός τινα zu entfernen, anderseits um die φίλοι recht deutlich zu bezeichnen, dürfte mit ganz kleiner Aenderung gelesen werden:

μύρταρομαι τούσδ', οὐ σὲ, προσθέτους φίλους —

„ich nehme diese — nicht dich — diese deine Freunde, welche du dir beilegst, zu Zeugen" — dann würde mit ἤν σ' ἕλω ποτέ ein neuer Satz beginnen, dessen Apodosis unterbleibt, weil der Gegner ihm auf das kühne Wort hin in die Rede fällt. In προσθετος läge von Seite Creon's die von selbst sich ergebende, den Oedipus demüthigende Andeutung, dass dieses Freundschaftverhältniss zwischen Oedipus und dem Chor ein von Oedipus nur *angenommenes*, *vorausgesetztes* sei (προστίθε-σθαι = sich beilegen) — zugleich ein Fühler nach dem Verhalten des Chores.

Creon wird sehr bald aufgeklärt, als dieser sich mit lautem Hülferuf vernehmen lässt:

προβᾶθ' ὧδε, βᾶτε, βᾶτ' ἔντοποι.

πόλις ἐναίρεται, πόλις ἐμά, σθένει —

wo der Scholiast σθένει durch βίᾳ erklärt (βίᾳ πορθεῖται). Lägen hier nicht zwei Dochmii vor, welche beide mit demselben Nomen beginnen, so würde Niemand an eine Corruptel denken, so aber drängt sich unwillkürlich der Gedanke auf, dass beide Verse gleich gebaut seien und jeder eine Aussage enthalte. Ich hatte mir darum schon lange angemerkt:

πόλις ἐναίρεται, πόλις ἐμὰ στένει —

Doch kommt mir der Ausdruck, in dieser Situation des Chores, etwas sentimental und unzeitgemäss vor, und Meineke's πόλις ἐμὰ 'σθενεῖ scheint den Vorzug zu verdienen, obwohl die Synaloephe gerade an jener Stelle, welche den Unterschied zwischen Position und Negation (σθένω und ἀσθενέω) bedingt, nicht unbedenklich ist. —

Theseus erscheint auf den Hülferuf, v. 891 seqq. und betritt die Szene mit den Worten:

τίς ποθ' ἡ βοή; τί τοὔργον; ἐκ τίνος φόβου ποτὲ
βουθυτοῦντα μ' ἀμφὶ βωμὸν ἔσχετ' ἐναλίῳ θεῷ —;

Ich fürchte aber, der Text sagt etwas ganz anderes, ja das Gegentheil von dem, was Theseus sagen will. ἔσχετε nämlich

soll heissen „inhibuistis" (Schneidewin) — allein so viel ich
sehe, gibt es für diese Bedeutung durchaus keine analogen
Beispiele, ἔσχετε würde, in jenem Zusammenhang, eher heissen:
„am Altar zurückhalten" statt „vom frommen Opfer abhalten",
diese Bedeutung aber finden wir in:

βουθυτοῦντα μ' ἀμφι βωμὸν ἴσχετ' ἐναλ θ.

Dem Creon droht Theseus ihn gefangen zu behalten, v. 909
seqq., um seines schmählichen Benehmens willen:

ἐπεὶ δέδρακας οὔτ' ἐμοῦ καταξίως
οὔθ' ὧν πέφυκας αὐτὸς οὔτε σῆς χθονὸς —

Ist hier ὧν (πέφυκας) so viel als Θηβαίων, so ist der Beisatz
οὔτε σῆς χθονὸς eine mässige Tautologie („rhetorische Am-
plification" nennt ihn Schneidewin). Warum soll es nicht heissen: „deiner Vorfahren, deiner Ahnen"? Durch Hinzutreten dieses
Gliedes wird der Vorwurf wesentlich geschärft. Meineke's
ἀστὸς und Heimsoeth's αὖθις erweisen sich dann als überflüssig, und wer Anstoss nimmt an αὐτός (wozu übrigens kein
Grund vorhanden scheint) und zu οὔτ' ἐμοῦ καταξίως den geraden, nicht umschriebenen Gegensatz wünscht, dürfte eher lesen:

οὔθ' ὧν πέφυκας οὔτε σοῦ σῆς τε χθονὸς.

Theseus wirft dem Creon vor, v. 921 seqq.:

καί μοι πόλιν κένανδρον ἢ δούλην τινα
ἔδοξας εἶναι —

(nämlich: „dass du eine solche Rechtsverletzung wagtest,"
welcher Gedanke vorangeht). Nun antwortet Creon mit ganz
bestimmter Rücksichtsnahme auf diese Anmuthungen v. 743 seqq.:

ἐγὼ οὔτ' ἄνανδρον τήνδε τὴν πόλιν λέγων,
ὦ τέκνον Αἰγέως, οὔτ' ἄβουλον, ὡς σὺ φῇς
τοὖργον τόδ' ἐξέπραξα —

Dass er recht eigentlich nur Theseus' Worte im Sinne hat, zeigt
augenscheinlich der Beisatz ὡς σὺ φῇς. Nun spricht aber
Theseus nirgends davon, dass Creon die Stadt Athen müsse
für *rathlos* gehalten haben, sondern neben der κενανδρία, welchem das Creontische ἄνανδρος entspricht, nennt er sie, aus
der Seele Creons heraus, δούλην τινα. Ich habe darum schon
längst vermuthet (im Philologus), dass statt des letzteren zu
lesen sei βούλης δίχα, und was Spengel und andere dagegen

vorgebracht haben, hat mich nicht an der Richtigkeit meiner
Ansicht wankend gemacht. Nur hätte ich damals, bei so offenbar vorliegendem Parallelismus auch corrigiren sollen, v. 943:

ἐγὼ οὔτ' ἄνανδρον τήνδε τὴν πόλιν δοκῶν

(statt λέγων, dessen Richtigkeit auch andere schon angezwei-
felt haben).

Creon schildert den Oedipus, v. 948 seqq. als einen:

ἄνδρα καὶ πατροκτόνον
κἄναγνον . . . . ὅτῳ γάμοι
ξυνόντες εὑρέθησαν ἀνόσιοι τέκνων —

Noch ehe ich von Musgrave's Correktur τοκέων etwas wusste,
habe ich dieselbe auch gefunden und bleibe um so mehr dabei, als die neuern Erklärungen (Schneidewin z. B. „ἀνόσιοι
γάμοι τέκνων ist vom Standpunkt der Jocaste zu denken"!!)
ohne zu wollen, ihr das Wort reden. Aber auch in πατροκτόνον liegt eine Andeutung, dass Oedipus auch als ein ἀνόσιος
an der *Mutter* (γάμοι τοκέων) dargestellt werde. — Auf dieses Verbrechen kommt Oedipus weiter unten zurück v. 982
seqq., wo *er* seinerseits dem Creon vorwirft, dass jener, als
Schwager, dieses grässliche Capitel berührt habe und ihn selber nun zu reden zwinge:

οὐ γὰρ οὖν σιγήσομαι
σοῦ γ' εἰς τόδ' ἐξελθόντος ἀνόσιον στόμα.

Schon Elmsley schwankte, wie er hier construiren sollte, Hermann dagegen meint: nec dubitandum videtur, quin εἰς τόδε
στόμα conjungi debeant. In diesem Fall würde στόμα so viel
als loquela bedeuten, aber die Stellen — es sind sehr wenige —
welche diese Bedeutung zu rechtfertigen scheinen, lassen doch
auch die concrete Auffassung von στόμα zu. An unserer Stelle
ist diess unmöglich. Lieber möchte ich daher, im Fall ἐξελθόντος richtig ist, ἀνόσιον στόμα als vocativ nehmen:

σοῦ γ' ἐς τόδ' ἐξελθόντος, ἀνόσιον στόμα.

Denn στόμα kann, wie v. 798 unseres Stückes beweist, „verbosi
et loquacis hominis circumlocutione proferendi vim habere"
(s. Ellendt s. v.): τὸ σὸν δ' ἀφῖκται δεῦρ' ὑπόβλητον στόμα.
Indessen gestehe ich, an der Richtigkeit der Ueberlieferung in

ἐξελϑύντος zu zweifeln; ich erwarte ein transitives Verbum, wozu ἀνόσιον στόμα Object ist, etwa:

σοῦ δ᾽ ἐς τοδ᾽ ὀξύνοντος ἀνόσιον στόμα

— ein Ausdruck, wie er dem leidenschaftlichen Oedipus besser anzustehen scheint.

Die Antistrophe b᾽ beginnt bekanntlich (v. 712 Herm.):

ἄλλον δ᾽ αἰνον ἔχω ματροπόλει τᾷδε κράτιστον,
δῶρον τοῦ μεγάλου δαίμονος εἰπεῖν χϑονὸς αὔχημα μέγιστόν
εὔιππον εὔπωλον εὐϑάλασσον —

wo Porson und Hermann, dem Metrum zu Liebe, χϑονὸς v. 714 eingeschaltet haben, statt, wie Neuere wohl mit Recht gethan haben, den Fehler in dem entsprechenden Vers der Strophe zu suchen. Denn auch der Ausdruck αὔχημα ist sehr verdächtig, weil er sich im dritten Verse nachher wiederholt (σὺ γὰρ νιν εἰς τόδ᾽ εἶσας αὔχημ᾽, ἄναξ Ποσειδάν) — ein Umstand, der bei Sophocles wohl in's Gewicht fallen darf. Ritschl's Aenderung der Stelle, die, wenn ich nicht irre, lautet:

δῶρον τοῦ μεγάλου δαίμονος αὔχημα μέγιστον

(mit Weglassung von εἰπεῖν) wird dadurch bedenklich; besser würde Meineke's κτῆμα μέγιστον ansprechen — Bergk's σχῆμα ist mir nicht recht verständlich — allein ich glaube es spricht ein gewichtiger Grund gegen jedes Hineincorrigiren eines stellvertretenden Substantivs für αὔχημα — die Häufung nämlich verschiedener Beziehungen für den gleichen Begriff: wir hätten auf diese Weise αἰνον, δῶρον, κτῆμα oder sonst ein Wort und nochmals αὔχημα innerhalb eines Raumes von fünf Versen. Mit noch grösserem Recht lässt sich diese Einwendung gegen Ritschl's sonst geistreiche Conjectur zu v. 716 machen σέβας τόδ᾽ εὔιππον εὐϑάλασσον, statt der Ueberlieferung εὔιππον εὔπωλον εὐϑάλασσον; denn nun kommt noch Nr. 5 als Synonymum hinzu — σέβας. Ich glaube übrigens, gegen diese Vermuthung Ritschl's spricht noch ein anderer Umstand, der auch nicht ausser Acht darf gelassen werden: der folgende Vers nämlich beginnt τόδ᾽ εἶσας αὔχημ᾽ — also hätten wir ein zweimaliges τόδε, was, wie ich glaube, ohne Noth einer so hochpoetischen Stelle nicht aufgebürdet werden darf. War aber einmal, um auf das erste αὔχημα zurückzukommen, dieses vor μέγιστον fehlerhaft eingebürgert, so ist nichts natürlicher, als dass er dasjenige Wörtchen, welches meiner Meinung nach vor μέγιστον stand, gesprengt hat, nämlich:

δῶρον τοῦ μεγάλου δαίμονος εἰπεῖν τὸ μέγιστον

— entsprechend der Strophe:

οὐδ ἐν τᾷ μεγάλᾳ Δωρίδι νάσῳ ποθι βλαστὸν —

Schon die sichtbare Beziehung auf τοῦ μεγάλου δαίμονος scheint den Artikel τὸ auch zu verlangen. Entsprechend der dichterischen Intention ist es und ganz übereinstimmend mit der Strenge chorischer Responsion, wenn an ganz gleicher Stelle von Strophe und Antistrophe einmal μεγάλᾳ, das andere mal μεγάλου sich findet. Um so auffallender ist aber neben dieser dreifachen Wiederholung (μεγάλᾳ μεγάλου μέγιστον) das nochmalige Vorkommen desselben Begriffs in der Strophe (v. 705) ὃ τᾷδε θάλλει μέγιστα χώρᾳ — besonders da die übrigen · Beispiele bei Sophocles die Bemerkung Ellendt's (im Lex. Sophocl sub v.) bestätigen, dass „vere adverbium ne μέγιστα quidem apud Sophoclem est". Ich weiss daher nicht ob:

ὃ τᾷδε θάλλει μάλιστα χώρᾳ

nicht den Vorzug verdient.

Was nun aber das seit Reisig viel besprochene εὔιππον εὔπωλον εὐθάλασσον (δῶρον) betrifft, so hat diese Lesart trotz ihres sehr respectabeln Alters allerdings ihr Bedenkliches und die Critiker wären sicherlich nicht so schonend daneben vorbeigegangen, hätte ihnen nicht jene von Hephästion (cap XIII, pag. 83 Gaisf.) aufbewahrte offenbare Nachahmung des Simmias imponirt:

σοὶ μὲν εὔιππος εὔπωλος ἐχέσπαλος
δῶκεν αἰχμὰν Ἐννάλιος εὔσκοπον —

Mit kühnem Schnitt hat Reisig (nach Musgrave's Vorgang) die „tautologia tam detestabilis" heilen wollen (wahrscheinlich ohne Kenntniss der Verse des Simmias) durch

εὔπλουτον εὔπωλον εὐθάλασσον.

Allein mit Recht bemerkt Hermann, bei dieser Aenderung sei ausser Acht gelassen „dona Neptuni hic commemorari debuisse". Er selbst bezieht εὔιππον auf „regendorun equorum artem", εὔπωλον dagegen auf „alendæ nobilis propaginis studium" —

nicht zum Vortheil des Dichters, denn dieser hätte damit seinem Zuhörer, ohne die gehörige Handhabe, eine zu subtile Unterscheidung zugemuthet. Ferner scheint Hermann mit Recht von *dona* Neptuni zu sprechen, während der Sophocleische Text δῶρον, den Singularis, nennt. Heimsœth hat diese Klippe, sowie auch die von Reisig hervorgehobene Unerträglichkeit der Synonymik glücklich umgangen, indem er schreibt:

$$\ddot{o}\chi\eta\sigma\iota\nu\ \dot{\varepsilon}\ddot{v}\iota\pi\pi o\nu\ \dot{\varepsilon}v\vartheta\dot{\alpha}\lambda\alpha\sigma\sigma o\nu$$

— ein Vorschlag, der sich des Fernern nicht nur metrisch empfiehlt (der entsprechende Vers der Strophe beginnt ebenfalls mit einer Kürze), sondern auch durch die Beseitigung der schwindelnd kühnen Enallage, welche in δῶρον εὔιππον εὐθάλασσον liegt. Die ὄχησις (vorausgesetzt, dass dieser Begriff auch auf das Fahren zur See darf übertragen werden) ist *ein* Geschenk, auf welcherlei Substrate sie nun auch angewandt wird. Trotz alledem aber hat der Vorschlag etwas sehr Missliches, misslicher vielleicht als die gerügten Uebelstände, denen er abhilft — er ist zu abstrakt; die ὄχησις kann nicht in diesem Sinn und mit diesem Schwung, wie es in unserer Parodos geschieht, als ein δῶρον δαίμονος gefeiert werden; sie ist auch nicht Hauptsache an Poseidon's Geschenk, wenigstens nicht in Betreff des Pferdes; schöne Pferde und die Kunst solche zu erzielen, ist Poseidon's Gabe, δῶρον τῶν καλῶν ἵππων καὶ τῆς ἱπποτροφίας; die Bezähmung und Zurichtung des Pferdes wird erst im folgenden (v. 718) besungen, und so richtig bemerkt worden ist, dass v. 703 in der Strophe die Lesart φύτευμ᾽ ἀχείρωτον (statt ἀχείρ,τον) eine unpassende Prolepse des folgenden Gedankens wäre, so auch hier die ὄχησις, verglichen mit v. 718 seqq. — Aus demselben Grunde aber, warum ὄχησις missfällt, muss auch Heimsœth's Vorschlag v. 714 εὔρημα μέγιστον statt des oben besprochenen αὔχμα zu lesen, Bedenken erregen, denn wohl ist die Bezähmung des Pferdes durch Zaum und Gebiss ein „εὔρημα“, nicht aber darf das Geschenk schöner Pferde und ihre ▰ucht eine „Erfindung“ genannt werden. Merkwürdig, dass Meincke die drei Epitheta der handschriftlichen Ueberlieferung nicht beanstandet hat. Diejenigen, welche die Stelle für verbesserungsbedürftig halten — ich gehöre auch dazu — sehen meist in einem der beiden ersten Adjective eine Erklärung des andern, welche sich in den Text einbürgerte und das ursprüngliche Wort verdrängte. Könnte aber nicht das eine auch einfach verschrieben sein? Ich will nicht behaupten, dass ich das Richtige treffe, allein ich halte, besonders an Stellen, wie die vorliegende, wo zuletzt kein allgemein poetischer und grammatischer Canon aufgestellt werden kann, sondern das individuelle Gefühl sich jeweilen geltend machen darf, Vorschläge, soweit sie sich natürlich innerhalb der Grenzen der Möglichkeit halten, für erlaubt: vom Standpunkt des blossen Verstandes, der Logik oder der Grammatik lässt sich, glaube ich, gegen den Heimsœthischen Vorschlag (p. 270 seiner „critischen Studien") nicht viel oder nichts einwenden, von Seiten der Poetik sehr viel, so geistreich er auch ist. Ich meines Theils halte hier, in dem dithyrambisch gehaltenen Gesange, die kühne Verbindung δῶ-ϱον εὔιππον u. s. w. dem Dichter zu gut. Ich halte ihm auch δῶϱον als Singularis zu gute, weil jedenfalls Alles mit einander *zu gleicher Zeit* geschenkt wurde. Und wenn nun der Dichter, (durch eine ganz geringe Metathesis iu der überlieferten Lesart) den zweiten Begriff, den der Meeresherrschaft, ausdrücklicher hätte hervorheben, wenn er die Schifffahrt als solche hätte deutlicher bezeichnen wollen? Ich glaube einem

εὔιππον εὔπλωον εὐϑάλασσον

würde der Vorwurf der „intolerabilis tautologia" nicht gemacht werden können. Die Form selbst (πλώω statt πλέω s. Lobeck Rhemat. p. 25) wird nicht beanstandet werden dürfen. Dass aber gerade auf dieser Seite der poseidonischen Gabe der Hauptaccent für den Athener lag, ist gewiss, eben so sicher scheint mir das sonst ziemlich vieldeutige εὐϑάλασσον durch die Beigabe des εὔπλωον erst seine rechte Bezeichnung zu erhalten: Die Herrschaft über das Meer war nur möglich bei ausgebildeter Kunst der Schifffahrt, wie denn auch der Schlusssatz des Chorliedes ge̶ ̶ dieses Moment bedeutungsvoll hervorhebt:

ἃ δ᾽ εὐήϱετμος ἔκπαγλ᾽ ἁλία χεϱσὶ παϱαπτομένα πλάτα
ϑϱώσκει τῶν ἑκατομπόδων
Νηϱήδων ἀκόλουϑος.

⸰ Auch hier übrigens steckt eine Corruptel, welche noch nicht befriedigend geheilt ist. Die entsprechenden Worte der Strophe, v. 708

σημαίνων ἁλίωσει χερὶ πέρσας, ὁ γὰρ ἐσαιὲν ὁρῶν κύκλος

enthalten eine Silbe mehr, deren man sich zwar leicht entledigt hat, indem man ἐσαιὲν in αἰὲν verwandelte. Indessen, wenn das Metrum auch keinen Verdacht aufkommen liesse, so müsste der Ausdruck παραπτομένα stets befremden, man mag ihn nehmen, wie man will — schon diese Möglichkeit übrigens ist verdächtig genug. Soll das verbum finitum παραπέτομαι sein (praetervolo) so frägt man billig, was denn bei *diesem* Prozess die χεῖρες zu thun haben, lautet jenes dagegen παράπτομαι (se aptare) so ist es, in *dieser* Bedeutung und in dieser Rection durchaus ἅπαξ λεγόμενον. Man wird also besser thun den Fehler in παραπτομένα zu suchen, und in der Strophe ἐςαιὲν (oder nach Umständen εἰςαιὲν, welches gleichfalls handschriftlich beglaubigt ist) zu belassen. Meineke's παραΐσσομένα ist, so gut auch sonst das simplex αΐσσειν hier passen würde, als compositum für den geforderten Gedanken unbrauchbar, προςαρμοζομένα, worauf man etwa verfallen könnte, klingt etwas zu nüchtern und prosaisch, dagegen wüsste ich nicht, was gegen

χερσὶ περιπτυσσομένα πλάτα

einzuwenden wäre von Seiten des Sinnes: „das (an seinen Riemen) um die Hände geschlungene Ruder". — Beispiele von χερσὶ περιπτύσσειν liefern die Lexica, und gerade in der Uebertragung dessen, was sonst gewöhnlich nur lebenden Wesen geschieht, auf die Ruder, erhalten diese eine gleichsam persönliche Bedeutung, welche ja auch durch θρώσκει, ächt poetisch, angedeutet wird.

v. 1009 seqq.

κᾆθ' ὧδ' ἐπαινῶν πολλὰ, τοῦδ' ἐκλανθάνει
ὁθούνεκ', εἴ τις γῆ θεοὺς ἐπίσταται
τιμαῖς σεβίζειν, ἥδε τοῦθ' ὑπερφέρει —

Wenn eine Stadt, meint Oedipus, die Götter zu ehren weiss, so ist es diese (nämlich Athen). Ekendt s. v. erklärt τοῦτο, welches sich im Laurent B. findet, als adverbiascens; die übrigen Handschriften bieten τοῦδ' „quod in Parisiensi

A suprascriptum". Ich verstehe Hermann's ἢ δὲ (statt ἤδε) — wie er aus der Ueberlieferung des Parisiensis ἢ δὲ schreibt — nicht, aber auch weder τοῦϑ' noch τοῦδ' scheint mir einen richtigen Sinn zu gewähren; diesen finde ich nur in

ἥδε τῷδ' ὑπερφέρει

„hæc urbs *hac re* super ceteras eminet", denn zu ὑπερφέρει ist doch gewiss eine Bezeichnung des Gegenstandes, *worin* man sich auszeichnet, nöthiger, als zu ἥδε, welches schon hinlänglich Athen bezeichnet, noch ein τοῦδε (sc. Θησέως) erwartet oder verlangt wird.

Als Creon, der sich endlich fügen muss, den Theseus fragt, was er zu thun habe, befiehlt ihm dieser v. 1023 seqq.

ὁδοῦ κατάρχειν τῆς ἐκεῖ, πομπὸν δ'ἐμὲ
χωρεῖν, ἵν', εἰ μὲν ἐν τόποισι τοῖςδ' ἔχεις
τὰς παῖδας ἡμῶν, αὐτὸς ἐκδείξῃς ἐμοί.

Mit Recht wird bemerkt, dass Sophocles, wenn er eine so „sentimentale" Bezeichnung der Töchter des Oedipus hätte gebrauchen wollen, doch wohl ἡμῖν geschrieben hätte. Hermann hat darum ἥκων vermuthet „quod refertur ad ἐν τόποισι τοῖςδε," Andere Anderes, (Bergk z. B. ἡμῖν αὐτὸς ἐκδείξῃς ἄγων.) Ich vermuthe, in ἡμῶν steckt ein ἆσσον, so dass Theseus sagt, „wenn du die Mädchen irgendwo *hier in der Nähe* hast", wozu die folgenden Verse sehr gut stimmen. Aber auch ἐκδείξῃς ist in unserem Verse verdächtig, trotz der in dieser Tragödie üppig wuchernden Saat solcher composita verbalia mit ἐξ (vgl. unsere Bemerkung oben p. 41) verdächtig; man wird wohl ἐνδείξῃς zu lesen haben.

Das unter dem Gefühl des gerade stattfindenden Kampfes abgesungene Stasimon v. 1048 seqq. enthält noch eine ziemliche Anzahl ungelöster Schwierigkeiten, worunter auch localer Natur, besonders sind v. 1057 seqq. critisch noch nicht gesichtet:

ἔνϑ' οἶμαι τὸν ὀρειβάταν
Θησέα καὶ τὰς διστόλους
ἀδμῆτας ἀδελφεὰς
αὐτάρκει τάχ' ἐμμίξειν βοᾷ
τούςδ' ἀνὰ χώρους.

Der Scholiast bemerkt zu dem ersten derselben: ἐγρεμάχαν

γράφεται, ὁ ρειβάταν, und Hermann (II. Ausgabe), auch Schneidewin haben diese *beiden* Epitheta aufgenommen, dagegen Θησέα
καὶ als Glosse gestrichen (Laurent. A bietet ἐγρεμάχαν, Parisiensis A ὁρειβάταν). Allerdings ist nun Θησέα καὶ unmöglich, weil Theseus selbst dem Kampf nicht beiwohnte, da aber
sämmtliche Handschriften jene Lesart bieten, so ist es misslich
sie zu eliminiren. Denn trotz Hermann's Einsprache ist doch
Reisig's Annahme, dass ὁρειβάταν (ein ziemlich farbloses Epitheton) entstanden sei aus ἐγρεμάχαν, milder als die Annahme
einer *unmotivirten* Glosse. Ich vermuthe, in Θησέα καί steckt
einfach Θησείδην (collectiv für Θησείδας, die ja in der Antistrophe auch erscheinen: δεινὰ δὲ Θησειδῶν ἀκμὰ). Ob ferner
mit Meineke ἀνταρκεῖ, oder mit Dindorf πανταρκεῖ gelesen
wird, statt der Ueberlieferung αὐτάρκει (welche sich meiner
Ansicht nach rechtfertigen lässt), ist ziemlich gleichgültig, unerträglich aber scheint es mir, den Sophocles sagen zu lassen
(nachdem er die Oertlichkeit des Kampfes geschildert) ἔνϑα
und gleich darauf dieses ἔνϑα durch τούς δ᾽ ἀνὰ χώρους
am Ende der Strophe wieder überflüssig zu machen. Ich meine,
das geht so wenig und verträgt sich so wenig wie im Deutschen: *Wo* sie den Kampf bestehen werden *an diesen Stellen!!*
Ich weiss wohl, zu Anfang der Antistrophe ἤ που τὸν ἐφέσπερον πέτρας νιφάδος πελῶσ᾽ u. s. w. soll zu ἐφέσπερον aus jenem
τούςδ᾽ ἀνὰ χώρους zu ergänzen sein χῶρον, wodurch also τούςδ᾽
ἀνὰ χώρους als nothwendig vorausgesetzt würde, allein lieber
möchte ich im Beginn der Antistrophe eine Corruptel statuiren,
in den Worten ἤ που τὸν ἐφέσπερον seqq Doch ist dieses
kaum nöthig, wenn wir dort schreiben

τούς τ᾽ ἀνὰ χώρους

scil. οἰκοῦντας: eosque, qui per locos (pugnæ) incolunt. Diese
also, die Landbewohner (welche kurz nachher πρόσχωροι hiessen)
im Verein mit den Theseiden, d. h. den πρόςπολοι des Theseus,
v. 1027, „werden die beiden Mädchen in hülfegewährenden
Kampt verflechten, d. h. befreien." Sie kommen gleichfalls
vereint vor v. 1067 δεινὸς ὁ προσχώρων Ἄρης, δεινὰ δε Θησεϊδᾶν
ἀκμὰ.

. In der Strophe β' dieses Chorgesangs bilden eine Hauptschwierigkeit v. 1083 seqq.

εἴθ' ἀελλαία ταχύρρωστος πελειὰς
αἰθερίας νεφέλας
κύρσαιμι τῶνδ' ἀγώνων
θεωρήσασα τοὐμὸν ὄμμα —

nach Hermann's Uebersetzung (Ite Ausgabe): Utinam rapidà
columba celerivola ex ætheria nube possim illo certamine
oblectare oculos meos. Dass in der Ueberlieferung der Bü-
cher κύρσαιμ' αὐτῶν δ' ἀγώνων θεωρήσασα τοὐμὸν ὄμμα Etwas nicht heil sein müsse, leuchtet ein; seit Wunder αἰω-
ρήσασα fand, hat, so viel ich sehe, dieses Wort (in ἐωρήσασα
verwandelt) allgemeine Aufnahme gefunden, auch Meineke
hat dasselbe angenommen, statt ὄμμα aber οἶμα geschrieben,
eine Aenderung, die mir nicht glücklich scheint; besser schon
nimmt sich für den Sinn (wenn auch nicht für das Ohr) seine
zweite Aenderung αἰθερ ία 'κ νεφέλας aus — die beiden Genitive, deren Verhältniss bisher unklar war, sind dadurch vermieden; allerdings war diess schon der Fall bei der (von Hermann vorgeschlagenen) Lesart κύρσαιμ' ἄνωθ' ἀγώνων, allein
theils erregt die Form ἄνωθε selber (statt ἄνωθεν) Bedenken,
theils wird bei dem Genitiv ἀγώνων besser und eher ἄνω erwartet. Ich meine, beide Genitive sind in der Ordnung, der
eine hängt ab von κύρσαιμι (-αἰθερίας νεφέλας „möchte ich eine
tüchtige Wolke erreichen" —) der andere von einem in θεωρήσασα steckenden Wort, nämlich

τῶνδ' ἀγώνων,
θέας ἄσουσα τοὐμὸν ὄμμα —

„utinam... harum pugnarum contemplatione oculos meos
satiem". ἄω = κορέννυμι ist ein dem Homer ganz geläufiges
Wort, dessen Gebrauch dem Sophocles in einem Chorgesang
abzusprechen kein Grund vorhanden ist, im Fall die Annahme
desselben Schwierigkeiten wegräumt. —

Wenn der Chor beim Wiedererscheinen der beiden Mädchen sagt, v. 1098

ὦ ξεῖν' ἀλῆτα, τῷ σκοπῷ μὲν οὐκ ἐρεῖς ὡς ψευδόμαντις —

so soll, nach Schneidewin, τῷ σκοπῷ μὲν einen versteckten Gegensatz bilden zu den Oedipus gegebenen Versprechungen Apollons, deren Verwirklichung noch nicht eingetroffen". Eine weit hergeholte Erklärung! Andere Herausgeber schweigen zu der nichts weniger als selbstverständlichen Stelle. Ich vermuthe

ὦ ξεῖν' ἀλῆτ', ἅ γὼ σκοπῶ μὲν u. s. w. =
ἐκ τούτων, ἃ ἐγὼ μὲν σκοπῶ, οὐκ ἐρεῖς —

Ich sehe nachträglich, dass auch Andere, wie R. Enger, Anstoss nehmen an der Ueberlieferung; Enger schlägt vor ἀφ' ὧν σκοπῶ, Heimsœth möchte τὸν σκοπὸν, lesen. —

προςέλθετ', ὦ παῖ, πατρὶ, καὶ τὸ μηδαμὰ ἐλπισθὲν ἥξειν σῶμα βαστάσαι δότε (1104 seqq.) ruft Oedipus bei der Nachricht von dem Wiedererscheinen seiner Töchter. Ob hier nicht ἕξειν das Richtige ist, entsprechend dem βαστάσαι (ψηλαφῆσαι)? „dilectæ filiæ, quas jam desperabam fore ut in futurum possiderem et manibus attrectarem" — ?

Als Oedipus über das Rettungswerk des Theseus Auskunft verlangt mit den Worten, 1115 seqq.

καί μοι τὰ πραχθέντ' εἴπαθ' ὡς βράχιστ', ἐπεὶ
ταῖς τηλικαῖσδε σμικρὸς ἐξαρκεῖ λόγος, —

entgegnet ihm Antigone

ὅδ' ἔσθ' ὁ σώσας, τοῦδε χρὴ κλύειν, πάτερ,
καὶ σοί τε τοὔργον τοῦτ' ἐμοί τ' ἔσται βραχύ. —

Eine „etwas gespitzte Wendung", meint Schneidewin, wohl, mehr als gespitzt, trotz seiner und Anderer Erklärung unverständlich. Reisig's und Anderer, selbst Hermann's Vorschläge, sind nur Palliative eines tiefer liegenden, schon durch die Disharmonie der handschriftlichen Ueberlieferung bewiesenen Schadens. Ich glaube, dem Sinn nach, etwa folgende Wendung herstellen zu sollen:

ὡς ξυντόμως δράσαντι καὶ λέξαι βραχύ.

(„einem, der kurz und entschlossen handelt, geht auch die Erzählung kurz von Statten"); ὡς wollte, wenn ich nicht irre, schon Spengel.

Oedipus wünscht dem Theseus als Lohn v. 1124 seqq.

καὶ σοὶ θεοὶ πόροιεν, ὡς ἐγὼ θέλω,
αὐτῷ τε καὶ γῇ τῇδ' —

6

wozu Hermann, wie ich glaube, nicht richtig auf Hymn. Hom. 137, 295, 416 verweist zur Bestätigung des Gebrauches von ὡς, denn dort gehn Adjectiva oder Substantiva voran, an welche dieses ὡς sich gar wohl anlehnen kann, an unserer Stelle schwebt es in der Luft; ich meine es ist zu schreiben

ο Γ᾽ ἐγὼ θέλω —

Die Stelle v. 1132 seqq., καί τοι τί φωνῶ; u. s. w. ist jetzt durch Meineke befriedigend hergestellt, ausser seiner verunglückten Conjectur v. 1135 τοῖς γὰρ ἐμπύοις βροτῶν μόνοις οἷόν τε συνταλαιπωρεῖν τάδε — statt ἐμπείροις. Mit den ἔμπειροι βροτῶν meint Oedipus seine mit des Vaters Jammer vertrauten Töchter; obwohl aber das beigesetzte βροτῶν sonst ächt griechisch ist, so ist es hier etwas bedenklich, weil ἔμπειροι absolut, ohne Casus, steht und ein solcher hier jedenfalls viel eher vermisst wird, als βροτῶν. Vielleicht hat die Ueberlieferung einem

τοῖς γὰρ ἐμπείροις παθῶν

zu weichen. —

v. 1164 seqq.

σοὶ φασὶν αὐτὸν ἐς λόγους ἐλθεῖν μολόντ᾽
αἰτεῖν ἀπελθεῖν τ᾽ ἀσφαλῶς τῆς δεῦρ᾽ ὁδοῦ.

Die Construction ist: αἰτεῖν ἐς λόγους ἐλθεῖν σοι, (tecum colloqui velle); die Wortstellung jedoch möchte ursprünglich gewesen sein

σοὶ φασὶν ¹) αὐτὸν ἐς λόγους αἰτεῖν μολόντ᾽
ἐλθεῖν ἀπελθεῖν τ᾽ —

warum? ist klar. Die Erscheinung ist nicht blos griechisch, sondern allgemein.

v. 1179 seqq.

ἔχθιστον, ὦναξ, φθέγμα τοῦθ᾽ ἥκει πατρί ·
καὶ μή μ᾽ ἀνάγκῃ προσβάλῃς τάδ᾽ εἰκάθειν.

Ich denke ἠχεῖ πατρί . —

v. 1187 λόγων δ᾽ ἀκούειν τίς βλάβη; τὰ τοι κακῶς
εὑρημέν᾽ ἔργα τῷ λόγῳ μηνύεται .

Es ist wohl sicher, dass Hermann im allgemeinen den Sinn dieser Worte richtig gefasst hat: facta mala mente instituta dictis produntur. Aber dazu bedurfte es der Aenderung κακῶς

---

¹) So die Ausgaben. Warum aber nicht σοί φασιν — ?

aus καλῶς, und trotzdem ist die Stelle noch nicht geheilt. Denn was sind κακῶς εὑρημένα ἔργα? Hermann's Uebersetzung, so richtig ihr Inhalt ist, entspricht der Ueberlieferung nicht. Es muss wenigstens heissen ἐρραμμέν' ἔργα, und zu diesem Prädicat passt vortrefflich: τὰ ποικίλως (statt d. handschrift. τοι καλῶς) ἐρραμμέν' ἔργα τῷ λόγῳ μηνύεται — „schlau angelegte hinterlistige Thaten geben sich ind er Rede kund".

Die folgenden Verse

ἔφυσας αὐτόν, ὥστε μηδὲ δρῶντά σε
τὰ τῶν κακίστων δυσσεβεστάτων, πάτερ,
θέμις σέ γ' εἶναι κεῖνον ἀντιδρᾶν κακῶς —

hat Meineke aus dem Texte entfernen wollen, während Andere sie durch Correktur herzustellen suchen. Allein weder Dawes' Herstellung τὰ τῶν κακίστων δυσσεβέστατ', ὦ πάτερ, noch die von Toup τὰ τῶν κάκιστα δυσσεβεστάτων sind überzeugend, eher noch möchte Enger's ἀνδρῶν κάκιστα δυσσεβεστάτων Beifall finden, obwohl auch hier die Ausdrücke gehäuft erscheinen; vergleichen wir dagegen die ächt griechischen Wendungen κακὰ κακῶν ξυνοικεῖ (1240), oder Oed. rex ἄρρητ' ἀρρήτων (465) oder in unserer Fabel κακῶν κάκιστε (1386), so dürfte auch hier zu lesen sein

κακῶν κακίστων δυστεβέστατ' ὦ πάτερ.

Die Verse mit Meineke auszustossen sehe ich keinen genügenden Grund.

In den Versen 1219 seqq., wo der Chor sich über die Beschwerden eines allzulangen Lebens ausspricht, sind die Worte

τὰ τέρποντα δ' οὐκ ἂν ἴδοις ὅπου,
ὅταν τις ἐς πλέον πέσῃ
τοῦ θέλοντος · —

trotz Meineke's Aenderung δέοντος nicht anfechtbar, um so mehr aber die folgenden

ὁ δ' ἐπίκουρος ἰσοτέλεστος,
Ἄϊδος ὅτε Μοῖρ' ἀνυμέναιος
ἄλυρος ἄχορος ἀναπέφηνε
θάνατος ἐς τελευτάν —

6*

denn der Tod, der so schaurig geschildert wird, kann nicht zugleich ein *Helfer* (ἐπίκουρος) genannt werden: einem, der sich ein langes Leben wünscht, muss es ja um so länger vor dem Tode grauen, der endlich doch, hinterlistig genug und auch ihm beschieden, erscheint: ὁ δ' ἐπίβουλος ἰσοτέλεστος — Uebrigens ist zu Anfang der Strophe (v. 1215)

σκαιοσύναν φυλάσσων ἐν ἐμοὶ κατάδηλος ἔσται

der Ausdruch φυλάσσων auch auffällig, wofür man eher ὀφείλων erwartet. Noch auffallender aber, wenn wirklich Sophocles zu Anfang der Gegenstrophe sollte gesagt haben μὴ φῦναι τὸν ἅπαντα νικᾷ λόγον · τὸ δ', ἐπεὶ φανῇ, βῆναι κεῖθεν ὅθεν περ ἥκει u. s. w. Ich denke, das Natürliche ist τὸ δ', ἐπεὶ φυῇ, κτλ. (wenn schon bei Sophocles der Conjunctiv des Aor. II von φύω sich sonst nicht findet, der aber bei Euripides und Plato nicht bezweifelt werden darf.) —

„In der Jugend", singt der Chor weiter, v. 1233

τίς πλάγχθη πολύμοχθος ἔξω, τίς οὐ καμάτων ἔνι;
φόνοι στάσεις ἔρις μάχαι
καὶ φθόνος —

Man hat lange gedreht an dem ersten der Verse, um einen erträglichen Sinn herauszubekommen, aber vergeblich; schreiben wir τίς πλάνη πολύμοχθος ἔξω (wie zu meiner Freude auch Heimsœth vermuthet, dessen gedankenreiche Studien zu den griechischen Tragikern mir erst später zu Gesicht kamen) so ist alles in der schönsten Ordnung.

Nur ist noch auffallend die sonderbare Klimax

φόνοι στάσεις ἔρις μάχαι καὶ φθόνος!

Sophocles wird in veränderter Reihenfolge geschrieben haben φθόνος στάσεις ἔρις μάχαι καὶ φόνος . —

Schwer und noch nicht geheilt ist die Stelle v. 1267 seqq., wo Polyneikes sagt

καὶ μαρτυρῶ κάκιστος ἀνθρώπων τροφαῖς
ταῖς σαῖσιν ἥκειν, τἄλλα μὴ 'ξ ἄλλων πύθῃ.

Aus dem letztern Wort hat Hermaun (der Aldina und einer Juntina folgend) πάθῃ gemacht und fasst das Ganze ohne Interpunction bis zu πάθῃ in *einen* Satz zusammen. Seine Uebersetzung indess ist, so wie seine Erklärung, so dunkel, dass sie an's Unverständliche streift. Was Meineke gewonnen hat mit der Aenderung οἰκεῖν (statt ἥκειν) vermag ich nicht einzusehen (Sehrwald's τραφεὶς τοῖς σοῖσιν ἥκειν γ' ἄλλα γ' ἐξ ἄλλων πύθῃ wird wohl auch wenige Freunde finden) und die Fassung τἀμὰ (nach Reiske und Mutgrave) μὴ 'ξ ἄλλων πύθῃ, welche Schneidewin angenommen hat, „wie es mit mir steht, sollst Du nicht von andern erfahren" liefert einen wenn auch nicht gerade müssigen, so doch entbehrlichen, und, in dieser Form, merkwürdig ausgedrückten Gedanken. Viel besser lassen wir, meines Erachtens, den Polyneikes, anknüpfend an den vorhergehenden Vers, (ἃ γὼ πανώλης ὄψ' ἄγαν ἐκμανθάνω) sagen καί μαρτυρῶ βράδιστος ἀνθρώπων τροφαῖς ταῖς σαῖσιν ἥκειν · τἀλλα κἀξ ἄλλων πάθη ι „dass ich erst so spät meine Pflicht zu thun komme ist allerdings meine Schuld, deine anderen Leiden stammen aber auch von anderen, d. h. ich bin nicht allein an deinen Leiden schuld", darin läge zunächst eine Belastung des Eteocles, die für Oedipus deutlich genug war. —

Von Antigone wird Polyneikes bei seinem Erscheinen bezeichnet als ἀνδροῖν γε μοῦνος .... ἀστακτὶ λείβων δάκρυον (1252). Nun führt man zur Beglaubigung von μόνος = μονωθείς, χωρισθείς, allerdings Ajas v. 506 an: σοῦ διοίσεται μόνος an, und es mag Zufall sein, dass Ellendt unser Beispiel für diesen Gebrauch nicht anführt, da aber an genannter Stelle die Partikel γε jedes Motives entbehrt, ausser des metrischen, so darf man wohl dem Sophocles

ἀνδρῶν ἔρημος

zutrauen.

Wie matt die drei Ausgänge von v. 1283, 1284 und 1285 sind

τὰ πολλὰ γάρ τοι ῥήματ' ἢ τέρψαντά τι
ἢ δυσχεράναντ', ἢ κατοικτίσαντά πως
παρέσχε φωνὴν τοῖς ἀφωνήτοις τινά —

habe ich schon oben erwähnt, es kommt dazu, dass ἀφωνήτοις in dieser (activen) Bedeutung bei classischen Schriftstellern sich gar nicht findet. Warum sollte Sophocles nicht geschrieben haben — mit einem Zusatz, der beinah nothwendig ist —

παρέσχε φωνὴν τοῖς ἀφώνοις αὖ τινα —?

Wenn Amphiaraos geschildert wird, v. 1315 seqq., als τὰ
πρῶτα μὲν δόρει κρατύνων πρῶτα δ᾽ οἰωνῶν ὁδοῖς — so würde,
trotzdem dass ὁδὸς auch „de auspicii capiendi et divinationis
varia ratione et arte" (Ellendt) sich brauchen lässt, doch an
unserer Stelle, wo von einer *varia* ars gar nicht die Rede ist,
sondern nur von der Vogelschau, gewiss ein anderes Wort für
ὁδοῖς gerne gesehen werden; es handelt sich hier nicht um die
verschiedenen Arten der Vogelschau (οἰωνῶν lässt diese Auffassung nimmer zu) sondern um das Gebahren der zum
auspicium dienlichen Vögel, ich glaube, dass wir πρῶτα δ᾽ οἰωνῶν
νόμοις zu lesen haben.

Polyneikes bittet den Vater um seinen Beistand im Namen
seiner Verbündeten, wie in seinem eigenen, er bittet ihn „bei
dessen Töchtern und beim eigenen Leben" v. 1328 seqq., er
muss ihn um Beistand bitten, weil das Orakel von Oedipus
Hülfe den Sieg abhängig gemacht hat, und fährt fort

> πρὸς νύν σε κρηνῶν καὶ θεῶν ὁμογνίων
> αἰτῶ πιθέσθαι καὶ παρεικάθειν —

Was soll κρηνῶν? der Scholiast antwortet, es sei παθητικὸν
τὸ πρὸς πατρῴων κρηνῶν, ὁρκῶν, ὡςεὶ ἔφη πρὸς τῶν ἐκθρεψάντων
σε ὑδάτων — allein dieser Begriff, abgesehen davon, dass
πατρῴων eine Zugabe des Scholiasten ist, würde hier ohne alle
Kraft und Wirkung sein, auch wäre er für seinen Zweck zu
unbestimmt ausgedrückt. Wie Polyneikes den Vater so eben
bei seinen Töchtern, seinem eigenen Leben beschworen hat,
wie er ihn jetzt bei den lebendigen Göttern beschwört, so
werden wohl auch die κρηναί einem lebendigen Wesen zu weichen haben, allerdings nicht den κῆρες (wie Sehrwald wollte)
— denn bei einer Bitte wären diese ein böses omen gewesen —;
ich meine, Polyneikes fleht bei seinen Bundesgenossen, die er
so eben Mann für Mann geschildert hat, von denen er so eben
gesagt hat ἱκετεύομεν ξύμπαντες ἐξαιτούμενοι; also:

> πρὸς νύν σε κείνων καὶ θεῶν ὁμογνίων —

(ἡμῶν durfte Polyneikes hier nicht sagen, weil er selbst, als
Schuldbeladner, seine Person bei einer so feierlichen Bitte aus
dem Spiele lassen musste). —

Einer der Helden, Kapaneus, drückt sich aus, v. 1321, er
wolle

κατασκαφῇ

. . . . . τὸ Θήβης ἄστυ δῃώσειν πυρί.

Schon ältere griechische Ausleger nahmen Anstoss an πυρί,
nach vorhergegangenem κατασκαφῇ und schrieben τάχα. Hermann vertheidigt jedoch die Ueberlieferung: additum est πυρὶ
rei accuratius describendæ causa, quod genus frequens est in
accusativo, rarius aliis in casibus. Das aus Aeschylus ange-
führte Beispiel, Pers. 820 heweist jedoch nichts für unsere
Stelle, weil jenes unter die Rubrik des Schema καϑ᾽ ὅλον καὶ
κατὰ μέρος fällt. Sollte Sophocles nicht im Hinblick auf die
Todesart des Capaneus, welche ihn gerade damit strafte, womit er sündigte, geschrieben haben

εὔχεται κατ᾽ ἀστραπὴν

Καπανεὺς τὸ Θήβης ἄστυ δῃώσειν πυρί —?

„wie der Blitz, nach Art des Blitzes, ὥσπερ ἀστραπῇ“.

Wenn der Vater dem Sohn vorwirft, dass er nun erst zu
weinen komme, wo er in demselben Elend wie Oedipus sei
v. 1359 seqq.

κἄϑηκας ἄπολιν καὶ στολὰς ταύτας φορεῖν

ἅς νῦν δακρύεις εἰσορῶν, ὅτ᾽ ἐν πόνῳ

ταὐτῷ βεβηκὼς τυγχάνεις κακῶν ἐμοί —

so sieht man nicht ein, wie er von sich selbst sprechend also
fortfahren soll

οὐ κλαυστὰ δ᾽ ἐστίν, ἀλλ᾽ ἐμοὶ μὲν οἰστέα

τάδ᾽, ὥσπερ ἄν ζῶ σοῦ φονέως μεμνημένος .

δακρύεις und κλαυστὰ δ᾽ ἐστίν stehen doch wahrlich in Bezug zu
einander, beide gelten von Polyneikes und dadurch erweist sich
das Folgende als verdorben: „Du musst nicht weinen, sondern
— ich muss tragen!“ Welche Logik!

οὐ κλαυστά δ᾽ ἐστίν, ἀλλά σοι μὲν ἰστέα,

τάδ᾽ ὡς περαίνω σοῦ φονέως μεμνημένος —

„Nicht zu weinen brauchst du, aber wissen sollst du, dass ich
in diesem Zustand (dem πόνος κακῶν) ausharren werde stets
deiner, als meines Mörders, eingedenk“, wobei der Hauptnach-
druck auf dem Participialsatz ruht. — Diese Worte klingen der

Stimmung des empörten Vaters würdig. Uebrigens lässt sich auch πόνος κακῶν ἐν ᾧ βεβηκὼς τυγχάνεις nicht ohne grossen Anstoss lesen, und es ist zu bezweifeln ob Bergk's Abhülfe ὅτ᾽ ἐν π|ότμῳ ταὐτῷ βεβηκ. τυγχ. genügend sei, weniger wegen πότμος κακῶν, als wegen des Verbums βαίνειν, das auch zu πότμος nicht recht passen will, πίνος dagegen, welcher Ausdruck sich sowohl eng an den vorhergehenden Gedanken (στολὰς ταύτας φορεῖν) anschliessen würde, als mit βεβηκὼς gut verbinden liesse („im Schmutz einhergehen“) wage ich nicht vorzuschlagen, wegen der Verbindung mit κακῶν. Wie aber? sollte Sophocles nicht geschrieben haben ὅτ᾽ ἐν πίνῳ

ταυτῷ βεβηκὼς τυγχάνεις ῥακῶν ἐμοί — ?

„in iisdem quibus ego pannorum sordibus“ —
Man sollte v. 1372

τοιγάρ σ᾽ ὁ δαίμων εἰσορᾷ μὲν οὔ τί πω
ὡς αὐτίκ᾽, εἴπερ οἵδε κινοῦνται λόγοι —

die Häufung der Partikeln μὲν οὔ τι πω ὡς in unmittelbarer Folge dem Sophocles nicht aufbürden, sondern wenigstens um *eihe* vermindern, um so mehr, als die jetzt wegfallende sehr schwer zu erklären sein dürfte:

τοιγάρ σ᾽ ὁ δαίμων εἰσορᾷ μὲν οὐχὶ πωιὼς αὐτίκ᾽ —

Sehrwald wollte Οἰδίπου, was ich nicht verstehe, Heimsœth's νῦν οὔ τί πω ändert an dem Athroismos nichts.

So gut v. 1384 die Δίκη zu erscheinen haben wird als ξύνεδρος Ζηνὸς ἀρχαίοις θρόνοις (statt νόμοις), ebenso wird auch das Erebos mit einem andern Epitheton aufzutreten haben, als was es jetzt führt, v. 1392 στυγνὸν πατρῷον — caliginem patritam Tartari, erklärt Hermann, quæ patrem meum Laium tegit. Allerdings müsste πατρῷον so und nicht anders gefasst werden, aber hinter στυγνὸν wird diess πατρῷον zur Unmöglichkeit; Meineke glaubte desswegen das compos. στυγνοπρόσωπον bilden zu sollen, ich glaube, dass στυγνὸν σκυθρωπὸν zu lesen ist. —

Ohne Zweifel ist für die Verse 1420 und 1421, wo Polyneikes seiner Schwester erklärt, eine Umkehr sei nicht mehr möglich:

ἀλλ᾽ οὐχ οἱόντε . πῶς γὰρ αὖϑις αὖ πάλιν
στρατευμ᾽ ἄγοιμι ταὐτὸν εἰσάπαξ τρέσας

die G. Hermann'sche Erkläruug „quomodo enim fugiens sic
repente reducam hunc eundem exercitum" die allein richtige, nur dass ταὐτὸν im Text nicht bestehen kann, denn es
heisst absolut nichts, trägt rein nichts zum Gedanken bei
als höchstens etwas Ungehöriges. Warum soll man nicht τ ο ὐ-
μ ὸ ν lesen? So durfte wenigstens Polyneikes sprechen. Aber
sehr wahrscheinlich gab er dem στράτευμα eine vollere Bezeichnung, nämlich :

στράτευμ᾽ ἄγοιμ᾽ ἐπακτὸν —

r„execitum hostilem reducam", vid. Trach. v. 259 στρατὸν λα-
βὼν ἐπακτὸν u. a. B. bei Ellendt. —

v. 1437 seqq. :

ἀλλ᾽ ἐμοὶ μὲν ἥδ᾽ ὁδὸς
ἔσται μέλουσα δύσποτμός τε καὶ κακὴ
πρὸς τοῦδε (τοῦ τε?) πατρὸς τῶν τε τοῦδ᾽ Ἐριννύων.
σφὼ δ᾽ εὐοδοίη Ζεὺς, τάδ᾽ εἰ τελεῖτέ μοι
ϑανόντ᾽, ἐπεὶ οὔ μοι ζῶντι γ᾽ αὖϑις ἕξετον.

In diesen Worten des Polyneikes ist alles im schönsten gegen-
seitigen Bezug (εὐοδοίη und δύσποτμος ὁδὸς, ϑανόντι und
ζῶντι) nur ist αὖϑις störend, denn dass man einem Lebenden nicht
τάδε (scilicet ein ehrliches Begräbniss, vgl. v. 1412) zu Theil
werden lässt, auch nicht *einmal*, geschweige denn αὖϑις, ist
doch klar. αὖϑις scheint aus dem zweitnächsten Vers (οὐ
γὰρ μ᾽ ἔτι βλέποντ᾽ ἐσόψεσϑ᾽ αὖϑις) eingeschmuggelt zu sein,
und es ist an seiner Stelle wahrscheinlich ἐπεὶ οὔ μοι ζῶντι γ᾽
ο ὐ δ ὲ ν ἕξετον (scil. τελεῖν) v. 1454 seqq.:

ὁρᾷ ὁρᾷ ταῦτ᾽ ἀεὶ χρόνος ἐπεὶ μὲν ἕτερα
τὰ δὲ παρ᾽ ἥμαρ αὖϑις αὔξων ἄνω

Diese schwierigen auf die bald frühere bald spätere Erfüllung
des göttlichen Willens zielenden Worte sind in den Handschriften offenbar verdorben uud zwar so, dass mit *einer* Aenderung (wie z. B. Schneidewin's ὄπισϑεν aus ἐπεὶ μὲν, oder
Meineke's ἐφεὶς μὲν) nicht geholfen ist, denn was soll das
Prädicat ὁρᾷ von der *Zeit*? Schon hier steckt ein Fehler; die

Gottheit sieht, die Zeit erfüllt ($\vartheta\varepsilon o\grave{\iota}$ $\gamma\grave{\alpha}\varrho$ $\varepsilon\mathring{v}$ $\mu\grave{\varepsilon}\nu$, $\mathring{o}\psi\grave{\varepsilon}$ δ' $\varepsilon\mathring{\iota}\sigma o$-$\varrho\tilde{\omega}\sigma\iota$, v. 1533). Ich glaube mit:

$$\mathring{o}\varrho\tilde{\alpha}\ \chi\varrho\acute{o}\nu\omega\ \pi\alpha\nu\varkappa\varrho\alpha\tau\varepsilon\tilde{\iota}\ \vartheta\varepsilon\grave{o}\varsigma\ \mathring{\alpha}\varphi\varepsilon\grave{\iota}\varsigma\ \mu\grave{\varepsilon}\nu\ \mathring{\varepsilon}\tau\varepsilon\varrho\alpha$$
$$\tau\grave{\alpha}\ \delta\grave{\varepsilon}\ \pi\alpha\varrho'\ \mathring{\eta}\mu\alpha\varrho\ \alpha\mathring{v}\vartheta\iota\varsigma\ \alpha\mathring{v}\xi\omega\nu\ \mathring{\alpha}\nu\omega$$

der Hand des Dichters ziemlich nahe gekommen zu sein (denn auch was $\tau\alpha\tilde{v}\tau'$ $\mathring{\alpha}\varepsilon\grave{\iota}$ im Texte heissen sollte, wird Niemand sagen können). Der Gedanke ist: „Die Gottheit wacht und überlässt das Eine einer später Zeit, Anderes wiederum erfüllt sie sogleich." —

  v. 1480:

$$\mathring{\varepsilon}\nu\alpha\iota\sigma\acute{\iota}ov\ \delta\varepsilon\ \sigma\upsilon\nu\tau\acute{v}\chi o\iota\mu\iota\ \mu\eta\delta'\ \mathring{\alpha}\lambda\alpha\sigma\tau ov\ \mathring{\alpha}\nu\delta\varrho'\ \mathring{\iota}\delta\grave{\omega}\nu$$
$$\mathring{\alpha}\varkappa\varepsilon\varrho\delta\tilde{\eta}\ \chi\acute{\alpha}\varrho\iota\nu\ \mu\varepsilon\tau\acute{\alpha}\sigma\chi o\iota\mu\acute{\iota}\ \pi\omega\varsigma$$

Die Worte des Chors beim drohenden Ungewitter sind deutlich genug; daraus, dass der Chor den unglücklichen Oedipus *sieht*, kann ihm doch kein Unheil erwachsen, sondern nur daraus, dass er ihn bei sich hat, d. h. ihm die Stätte im eigenen Land vergönnt hat; er fürchtet, damit zugleich auch $\mathring{\alpha}\varkappa\varepsilon\varrho\delta\tilde{\eta}$ $\chi\acute{\alpha}\varrho\iota\nu$ ($\chi\acute{\alpha}\varrho\iota\nu$ $\mathring{\alpha}\chi\alpha\varrho\iota\nu$, wie Schneidewin richtig erklärt), „abzubekommen", in $\mu\varepsilon\tau\acute{\alpha}\sigma\chi o\iota\mu\iota$ liegt aber ein Fingerzeig, dass zu lesen ist:

$$\mu\eta\delta'\ \mathring{\alpha}\lambda\alpha\sigma\tau ov\ \mathring{\alpha}\nu\delta\varrho'\ \mathring{\varepsilon}\chi\omega\nu\ —$$

  v. 1488:

$$\mathring{\iota}\grave{\omega}\ \pi\alpha\tilde{\iota}\ \beta\tilde{\alpha}\vartheta\iota\ \beta\tilde{\alpha}\vartheta'\ \smile\ -\ -\ \smile\ -\ \varepsilon\mathring{\iota}\tau'\ \mathring{\alpha}\varkappa\varrho ov\ \mathring{\varepsilon}\pi\grave{\iota}\ \gamma\acute{v}\alpha\lambda ov$$

So Schneidewin; handschriftlich lautet die Stelle, ohne Zeichen der Lücke $\mathring{\iota}\grave{\omega}$ $\pi\alpha\tilde{\iota}$ $\beta\tilde{\alpha}\vartheta\iota$ $\beta\tilde{\alpha}\vartheta'$ u. s. w.; der Vorgang der Strophe $\mathring{\varepsilon}\alpha$ $\mathring{\varepsilon}\alpha$ $\mathring{\iota}\delta o\grave{v}$ $\varkappa\tau\lambda$. macht die Wiederholung $\mathring{\iota}\grave{\omega}$ $\mathring{\iota}\grave{\omega}$ sehr wahrscheinlich; die Lücke lässt sich ungezwungen so ausfüllen:

$$\mathring{\iota}\acute{\omega},\ \mathring{\iota}\acute{\omega}\ \pi\alpha\tilde{\iota}\ \beta\tilde{\alpha}\vartheta\iota\ \beta\tilde{\alpha}\vartheta'\ \mathring{\varepsilon}\acute{\alpha}\nu\ \tau\upsilon\gamma\chi\acute{\alpha}\nu\eta\varsigma\ \mathring{\varepsilon}\tau'\ (\text{statt } \varepsilon\mathring{\iota}\tau')$$
$$\mathring{\alpha}\varkappa\varrho ov\ \mathring{\varepsilon}\pi\grave{\iota}\ \gamma\acute{v}\alpha\lambda ov.$$

$$\mathring{\varepsilon}\nu\alpha\lambda\acute{\iota}\omega\ \vartheta\varepsilon\tilde{\omega}\ \Pi o\sigma\varepsilon\iota\delta\alpha\omega\nu\acute{\iota}\omega$$
$$\beta o\acute{v}\vartheta\upsilon\tau ov\ \mathring{\alpha}\gamma\acute{\iota}\zeta\omega\nu\ \varkappa\tau\lambda. —$$

Indem Oedipus sein Geheimniss (seine geheime Begräbnissstelle) dem Theseus *allein* offenbaren will (vgl. v. 1528 $\tau\tilde{\omega}$ $\pi\varrho o\varphi\varepsilon\varrho\tau\acute{\alpha}\tau\omega$ $\mu\acute{o}\nu\omega$, 1524 $\mathring{o}\tau\alpha\nu$ $\mu\acute{o}\lambda\eta\varsigma$ $\mu\acute{o}\nu o\varsigma$ u. s. w.) gibt er als Wirkung dieses Verfahrens an:

$$o\mathring{v}\tau\omega\varsigma\ \mathring{\alpha}\delta\tilde{\eta}ov\ \tau\acute{\eta}\nu\delta'\ \mathring{\varepsilon}\nu o\iota\varkappa\acute{\eta}\sigma\varepsilon\iota\varsigma\ \pi\acute{o}\lambda\iota\nu$$
$$\sigma\pi\alpha\varrho\tau\tilde{\omega}\nu\ \mathring{\alpha}\pi'\ \mathring{\alpha}\nu\delta\varrho\tilde{\omega}\nu\ —$$

als Grund desselben aber

αἱ δὲ μυρίαι πόλεις

κἂν εὖ τις οἰκῇ, ῥαδίως καϑύβρισαν —

was Hermann übersetzt: pleræque ciritates, etiam si quis bene eas regat, proclives sunt ad temeritatem. Gewiss, nur ist das kein Grund, der hieher passt. Wir brauchen mathematisch nothwendig als Grund die Gegenüberstellung von *Vielen*; wenn *viele* es wissen, was nur Einer wissen soll, dann geht es schlimm, also auch μωρίαι πόλεις, wie einige wollten, kann uns nichts helfen; wir brauchen:

οἱ δὲ μυρίοι πόλεις

κἂν εὖ τις οἰκῇ, ῥαδίως καϑύβρισαν

(πόλεις natürlich Object zu καϑύβρισαν, μυρίοι der Gegensatz zu μόνος). —

V. 1564 seqq. bittet der Chor den παῖς Γᾶς καὶ Ταρτάρου, den Cerberus, den ἀδάματον φύλακα παρ' Ἀίδᾳ zu besänftigen, bei des Oedipus Nahen in der Unterwelt:

ὅν ὦ Γᾶς παῖ καὶ Ταρτάρου,

κατεύχομαι ἐν καϑαρῷ βῆναι

ὁρμωμένῳ νερτέρας τῷ ξένῳ νεκρῶν πλάκας·

σέ τοι κικλήσκω τὸν αἰένυπνον.

Es frägt sich, wer ist der παῖς Γᾶς καὶ Ταρτάρου? Ich sehe, dass die Erklärer den Thanatos dafür halten; Schneidewin z. B. meint, da diese Bezeichnung allein (durch Γᾶς παῖς καὶ Ταρτάρου) nicht bestimmt genug scheine, wiederhole der Chor ausdrücklich, er meine den αἰένυπνον, æternum sopientem. Allein was hat der Tod hier zu schaffen? Er soll doch nicht gar sein fürchterliches Handwerk bei Cerberus selber anbringen? Nein, vom Tod nicht, sondern von dessen Bruder, dem Schlaf allein kann hier die Rede sein. Er soll den Cerberus einschläfern, während Oedipus naht. Ich meine, dieser Wunsch ist so natürlich als möglich. Davon abgesehen hätte schon das Beiwort αἰένυπνον in activer Bedeutung Anstoss erregen sollen. Es fällt jetzt natürlich weg, der letzte Bestandtheil wird zum Substantiv ὕπνον und statt αἰεν dürfte sehr wahrscheinlich zu lesen sein ἁδύν:

σέ τοι κικλήσκω, τὸν ἁδὺν Ὕπνον.

Nun kann aber auch nicht mehr die Rede sein von einem ἐν
καθαρῷ βῆναι ¹), was erklärt wurde durch „recedere debere Cer-
berum, ut pura sit via hospiti" — denn der Schlaf macht nicht βῆναι. Dazu kommt Hermann's gerechtes metrisches Bedenken:
optes dochmiacum alio verbo quam illo βῆναι terminari — die
entsprechenden Strophenstelle ist nämlich auf der ersten Sylbe
kurz — præsertim quam sequatur vocalis. Was ist natürlicher
als ἐν καθαρῷ μένειν — ? —

Auch in der Strophe steckt übrigens noch ein Fehler;
wenn es heisst, v. 1561:

> πολλῶν γὰρ ἂν καὶ μάταν πημάτων ἱκνουμένων
> πάλιν σφε δαίμων δίκαιος αὔξοι —

so sollen die πήματα ἱκνούμενα, welche allerdings der Scholiast
schon vorfand, „einstürmende Leiden" bedeuten — so undich-
terisch wie möglich. Entweder hat Heimsœth Recht mit seiner
Aenderung κυκλουμένων (überdiess auch αὐτὸν statt ἂν καὶ),
oder es ist, wie mich dünkt, zu schreiben:

> πολλῶν γὰρ ἂν καὶ μάταν πημάτων νικώμενον,

soviel als ἡττωμένον, wodurch allerdings, wie auch bei Reisig's
ἱπούμενον eine Länge in den Vers kommt, welche Herrmann
für unwahrscheinlich erklärt. Aber seit Hermann hat dieser
Vers, in dessen „secunda sedes" damals noch der Spondeus Rei-
sigs (ἱπου̅μενον) fiel, eine andere Gestalt gewonnen, wo von
Unwahrscheinlichkeit nicht mehr die Rede sein kann, auch widerspricht die Stelle der Antistrophe νεκρῶν (muta c. liquida)
im Chorgesang nicht. —

Nach der ersten Meldung des Boten vom Tode des Oedipus antwortet auf eine Zwischenfrage des Chors derselbe Bote:

> ὡς λελοιπότα
> κεῖνον τὸν ἀεὶ βίοτον ἐξεπίστασο —

wo noch Schneidewin τὸν ἀεὶ βίοτον erklären konnte durch τὸν
βίον ἐς ἀεί! Meineke hat frischweg corrigirt ἐκεῖνον ἄρτι
βίοτον; ingenios vermuthet Heimsœth λελογχότα κεῖνον τὸν
ᾅδου βίοτον, ich selber habe schon lange ad marginem ge-

---

¹) Meineke ändert ἐκ καθαρῶν; natürlich genug, aber βῆναι eben ist unrichtig.

schrieben κεῖνον γ᾽ ἐς ἄιδα βίοτον, das heisst, nach einer bekannten Prägnanz griechischer Ausdrucksweise: er habe sein Leben verlassen, um nach dem Hades zu gehen ἐκλελοιπότα τὸν βίον ὥστε μολεῖν ἐς ἄιδα — und diese Vermuthung ziehe ich noch immer vor.

In der Schilderung der Localität, wo Oedipus der Erde entrückt wurde, heisst es v, 1590 seqq,:

> ἀφ᾽ οὗ μέσος στὰς τοῦ τε Θορικίου πέτρου
> κοίλης τ᾽ ἀχέρδου κἀπὸ λαΐνου τάφου,
> καθέζετ᾽ —

Nun werden weder die κοίλη ἄχερδος, noch der λάϊνος τάφος eines alten Landesheros sonst erwähnt. „An alte Bäume aber knüpft die Sage gern merkwürdige Ereignisse u. s. w."; Schneidewin, welcher Belege anführt. Aber auch der Θορίκιος πέτρος ist unbekannt, wahrscheinlich verdorben, weswegen Meineke τοῦ τ᾽ Ἐρικίου πέτρου geschrieben hat — wenig wahrscheinlich. Wie, wenn lauter Bezeichnungen alter Bäume oder baumbewachsener Stellen vorlägen? also

> ἀφ᾽ οὗ μέσος στὰς τοῦ τ᾽ ἐρινεοῦ πέτρου
> κοίλης τ᾽ ἀχέρδου κἀπ᾽ ἐλαΐνου τάφου —

ἐλάϊνος τάφος wäre ein mit Oelbäumen bepflanztes Grabmal, ἐρινεὸς πέτρος ein mit wilden Feigenbäumen bewachsener Fels — ich glaube nicht, dass diese Art dichterischer Metonymie jenseits der Grenzen des Erlaubten liegt, ist doch δρύϊνον πῦρ etwas ähnliches. —

Nachdem dem Oedipus volle Genüge widerfahren ist und alle seine Aufträge erfüllt sind, v. 1600 seq.

> ἐπεὶ δὲ παντὸς εἶχε δρῶντος ἡδονὴν
> κοὐκ ἦν ἔτ᾽ ἀργὸν οὐδὲν ὧν ἐφίετο

da donnert Zeus u. s. w. Hier wird πᾶν δρῶν erklärt nach Analogie von τὸ θέλον, τὸ ποθοῦν, welche Ausdrücke allerdings für βούλημα und πόθος von Sophocles gebraucht werden. Allein zwischen diesen einerseits und τὸ δρῶν im Sinne von ὑπηρέτησις (?) anderseits ist der Unterschied, dass dort die active Bedeutung zu Recht besteht, insofern τὸ θέλον und τὸ ποθοῦν Aeusserungen des Subjectes selber sind, während τὸ δρῶν, wenigstens an unserer Stelle, als Thätigkeit Anderer, nicht des Subjectes, erscheint. Mit feinem Sinn hat daher

Meineke geändert *παντὸς εἶχ᾽ ἔρωτος ἡδονήν.* Bedenken wir indess, wie nahe die Begriffe *θέλω ποθέω* und *ἐράω* verwandt sind, so werden wir, wodurch der Ausdruck gleichfalls in die Sphäre des Subjects gerückt wird, zu schreiben haben *παντὸς εἶχ᾽ ἐρῶντος ἡδονήν,* wenn nicht noch *πλησμονὴν* statt des letztern Wortes zu corrigiren ist.

Wenn Oedipus vor seinem Scheiden von der Erde den Theseus noch um Schutz für seine Kinder anspricht v. 1628.

δός μοι χερὸς σῆς πίστιν ἀρχαίαν τέκνοις

so braucht man nur die verschiedenen Erklärungen des sonderbaren Epitheton's *ἀρχαίαν* zu lesen, um dasselbe höchst verdächtig zu finden. Ich glaube, Oedipus fleht den Theseus um sein *Herrscherwort,* das heisst

δός μοι χερὸς σῆς πίστιν ἀρχικὴν τέκνοις.

v. 1635 seq.

ὦ παῖδε, τλάσας χρὴ τὸ γενναῖον φρενὶ
χωρεῖν τόπων ἐκ τῶνδε —

Hermann übersetzt *τὸ γενναῖον τλάσας φρενὶ* durch „id quod generosum est animo subeuntes", und glaubt den Ausdruck schützen zu können durch Eurip. Alcest. v. 627 *ἔργον τλᾶσα γενναῖον τόδε.* Aber die Uebereinstimmung beider Stellen ist nur scheinbar, denn bei Alcestis ist doch gewiss die (freiwillige) Aufopferung für ihren Gemahl ein edles Werk in der höchsten Bedeutung, für Antigone dagegen und Ismene ist ihre Trennung vom Vater ein Werk der herbsten Nothwendigkeit, ohne dass der mindeste sittliche Werthmesser hier anwendbar wäre. Dürften wir nach Analogie von *χρῆσται (χρὴ ἔσται)* ein *χρῆστι (χρὴ ἐστι)* bilden, so wäre leicht und gut zu helfen durch

ὦ παῖδε, τλάσας χρῆστι γενναίᾳ φρενὶ

um so eher, da *φρενὶ,* absolut stehend, im heutigen Text sich sehr matt ausnimmt, wäkrend *τλῆναι* ohne Casus sehr häufig gefunden wird. Wer sich vor dieser Annahme scheut, wird folgender beipflichten:

ὦ παῖδε τλάσας χρὴ τόδ᾽ εὐγενεῖ φρενὶ κτλ.

v. 1654 seqq. *οὐ γάρ τις αὐτὸν οὔτε πυρφόρος θεοῦ*
κεραυνὸς ἐξέπραξε οὔτε ποντία
θύελλα u. s. w.

ἐκπράττειν im Sinn von „vernichten" findet sich nur hier, auch passt das Wort nicht recht zu dem Sturmwind, zu dem göttlichen Begleiter, zu dem freundlich sich öffnenden Erdschlund im Folgenden, welche dieselbe Aussage (ἐξέπραξε) haben; wir brauchen statt dessen einen Ausdruck, welcher *entraffen*, den *Augen entrücken* bedeutet, ich denke

$$\text{οὐ γάρ τις αὐτὸν οὔτε πυρφόρος θεοῦ}$$
$$\text{κεραυνὸς ἐξήρπαξε κτλ.}$$

(vgl. nachher ἄσκοποι πλάκες ἔμαρψαν). —

V. 1678 ἄσκοποι δὲ πλάκες ἔμαρψαν
ἐν ἀφανεῖ τινι μόρῳ φαινόμεναι.

Man war bis auf Meineke allgemein einverstanden über die Corruptel in φαινόμεναι, wie alle Handschriften haben, und hat theils — Hermann — φερόμενον verbessert (medium pro activo) theils φερόμενον (passive: „den Entrafften") Meineke dagegen hat φαινόμεναι belassen, dagegen die vorhergehenden Worte geändert in ἐν ἀχανεῖ τινι πόρῳ. Dieser Conjectur steht aber meines Erachtens der Widerspruch zwischen φαινόμεναι und ἄσκοπος entgegen. Irre ich nicht, so ist mit kleiner Aenderung zu schreiben

$$\text{ἐν ἀφανεῖ τινι μόρῳ φθινόμενον. —}$$

V. 1690 seqq. singt der Chor:

ὦ διδύμα τέκνων ἀρίστα,
τὸ φέρον ἐκ θεοῦ καλῶς
φέρειν χρὴ μηδ' ἄγαν οὕτω φλέγεσθον·
οὗτοι κατάμεμπτ' ἔβητον.

Diese offenbar verdorbenen und interpolirten Worte haben Elmsley und Hermann zuerst von dem Einschiebsel φέρειν χρὴ befreit. Damit 'aber ist erst *ein* Schritt zur Heilung gethan. Trotz Handschrift und Suidas nämlich ist auch τὸ φέρον ἐκ θεοῦ (welches vergebens erklärt wird durch τὸ παρὸν ἐκ θεοῦ = fors) verdorben, was schon die active Form φέρον beweist. Wenn der Scholiast also paraphrasirt: ταῦτα ὁ χορὸς, παρηγορῶν ἐμμένειν τοῖς ἐγνωσμένοις παρὰ θεῶν. φέρε οὖν τὸ ἐκ θεῶν εἱμαρμένον καλῶς u. s. w., so wird man wohl ziemlich richtig also schreiben:

φέρετε τἀκ θεοῦ καλῶς,
μηδ' ἄγαν ὣ ς φλέγεσθον —

Statt ὣς haben sämmtliche Handschriften und auch der Scholiast οὕτως — gegen das Metrum; die neuern Herausgeber haben, so viel ich sehe, dasselbe weggelassen und μηδὲν ἄγαν, statt des überlieferten μηδ' ἄγαν geschrieben.

Am meisten Kreuz verursacht aber die Erklärung der letzten Worte οὗτοι κατάμεμπτ' ἔβητον. Hier nützen alle Erklärungskünste nichts. Nach dem Scholiasten, welcher erklärt οὐκ ἐν τοιούτοις ἐστὲ ὥστε καταμέμφεσθαι könnte man versucht sein zu schreiben οὗτοι κατάμεμπτ' ἔτλητον [1]) (Bergk's ἔβη σφῷν halte ich nicht für griechich). Allein mit noch geringerer Aenderung und zum Vortheil des Sinnes und Zusammenhangs dürfen wir vielleicht schreiben:

οὗτοι κατάμεμπτ' ἔτ' ἦτον (Adverb. pro Adject. bei εἶναι) „noch benahmt ihr euch nicht in tadelnswerther Weise"). Darin lag der zarte Wink, nicht durch allzu leidenschaftliches Gebahren dieses Lobes verlustig zu gehen). —

In dem Gespräch zwischen dem Chor und den beiden Mädchen, v. 1735 seqq. wiederholt jener einigemal, wenn auch in anderm Sinn, einzelne Worte der Antigone, so auch v. 1741, wo diese sich äussert: μόγος ἔχει. Nun ist die Antwort des Chors allerdings verdorben καὶ πάρος ἐπεί, allein man hätte sich nicht mit Wunder's Aenderung καὶ πάρος ἐπεῖχεν begnügen sollen, weil diese nur metrisch befriedigen kann, denn μόγος ἐπέχει statt ἔχει ist schwerlich griechisch. Entweder also wird man — wovon die Beispiele gerade in diesem und in dem vorhergehenden Wechselgespräch nicht selten sind — annehmen müssen, dass auch hier Antigone dem Chor in's Wort falle:

Antig.

μόγος ἔχει.

Chor

καὶ πάρος, ἐπείπερ —

Antig.

τοτὲ μὲν πέρα τοτὲ δ' ὕπερθεν —

---

[1]) D. h. von Seite des Theseus und der Athener.

oder man wird, nach Analogie jener Wiederholungen, zu schreiben haben:

Antig.

μόγος ἔχει.

Chor.

καὶ τὸ πάρος εἶχεν —

was mir als das Wahrscheinlichere vorkommt. Uebrigens sind auch die Worte der Antigone τοτὲ μὲν πέρα τοτὲ δ᾽ ὕπερθεν (nunc supra modum nunc etiam amplius) sehr seltsam, denn über supra modum gibt es doch nicht wohl ein Mehreres oder Höheres, dann aber verräth das Metrum die Corruptel. Derselbe Grund spricht aber auch gegen das von Wunder vorgeschlagene τοτὲ μὲν ἄπορα; ich glaube es ist zu schreiben τοτὲ μὲν μέτρια τοτὲ δ᾽ ὕπερθεν „früher mässig, jetzt unerträglich.“

ANHANG

ENTHALTEND BEITRÄGE ZU

CALPURNIUS UND NEMESIANUS

UND ZUR

ANTHOLOGIA GRAECA.

Calpurnius und Nemesianus.

Für den Text der beiden Bukoliker Calpurnius und Nemesianus — dass die gewöhnlich unter dem Namen des Calpurnius
Siculus laufende Sammlung von eilf Eclogen unter jene zwei
Dichter zu vertheilen sei, wird nach den eingehenden Untersuchungen von M. Haupt heutzutage wohl Niemand mehr bezweifeln — für den Text also der beiden Dichter bleibt nach
der Ausgabe von Glæser (1842) und den Beiträgen von Haupt
(1854) immer noch viel zu thun; selbst nach den von Haupt
mitgetheilten Proben einer genaueren Vergleichung der Neapo-
litanerhandschrift (Dorvillianus I) als Glæser sie besass, kann
kein Zweifel bestehen, dass auch dieser verhältnissmässig vor-
treffliche und jedenfalls in erster Linie zu berathende Codex
nicht frei ist von einer grossen Zahl der verschiedenartigsten
Corruptelen, deren Heilung einstweilen nur der Conjectural-
critik zustehen kann. Im Folgenden soll versucht werden, auf
diesem Wege die noch vorhandenen Schäden auf ein kleineres
Maass zu reduziren, wobei wir allerdings gestehen müssen,
dass uns eine genauere Vergleichung jenes Dorvillianus nicht
zu Gebote steht als die von Dorvillè selbst besorgte (bei Bur-
mann in append. ad. Poet. min. T. I. extr.) und von Glæser
mitgetheilte. Wäre auch nur *diese* Mittheilung etwas reichlicher
ausgefallen!

Ecl. I, v. 13 seqq.

> Quo me cunque vocas, sequar, Ornite: nam mea Leuce,
> Dum negat amplexus nocturnaque gaudia, nobis
> Pervia cornigeri fecit sacraria Fauni.

Glæser schreibt *Ornite*, das richtige ist aber ohne Zweifel *Ornyte;* umgekehrt ist in Ecl. V *Micon* zu schreiben, nicht *Mycon* (so auch Ecl. X, I und VI, 92). Dagegen Ecl. VI, 7. 75 *Astylus*, nicht *Astilus*. Schwer ist ferner einzusehen, warum Glæser v. 14 nach *gaudia* interpungirt, und nicht nach *nobis*, was allein richtig ist; *nocturna gaudia* in demselben Vers ist vielleicht nicht anzutasten und sicherlich würde, bei diesem so zu sagen landläufigen Ausdruck der römischen Lyriker, Jedermann ohne Anstoss vorüber gehen, wenn nicht der cod. Neap. das merkwürdige *nasura* darböte; es könnte nämlich gar wohl sein, dass in dieser Verschreibung *matura* steckte, eine Metonymie (von der virgo matura entnommen), über welche man sicher mit einem Dichter nicht würde rechten wollen.

> V. 16 Orn. Prome igitur calamos et si qua recondita servas,
>   Nec tibi defuerit mea fistula, quam mihi nuper
>   Matura docilis compegit arundine Lygdon.
>   *Et* jam captatæ pariter successimus umbræ.

Ich meine *En* jam captatæ seqq. —

Das Zeitalter des jungen hoffnungsvollen Nero wird von Vers 36 an geschildert; von dem zu erwartenden allgemeinen Frieden heisst es daselbst, v. 54 seqq.

> Candida pax aderit, nec solum candida vultu,
> Qualis sæpe fuit, quæ libera Marte professo,
> Quæ domito procul hoste, tamen grassantibus armis
> Publica diffudit tacito discordia ferro.
> Omne procul vitium simulatæ cedere pacis
> Jussit, et insanos Clementia contudit enses.

Es ist unmöglich den beiden mittleren dieser Verse, selbst durch alle Künste der Interpretation, einen auch nur einigermaassen befriedigenden Sinn zu entlocken; und ich muss sehr bezweifeln, ob, wie Haupt überzeugt ist, G. Hermann durch seine allerdings durch Leichtigkeit ansprechende Conjectur *jubila* diffudit statt *publica* diffudit seqq. (v. 57) auf einmal Licht und

Ordnung in das Chaos gebracht hat: ich wenigstens vermag einerseits nicht einzusehen, wie *grassantia arma* neben *tacito ferro* bestehen können, anderseits nicht wie zwischen *jubila discordia* und *tacitum ferrum* ein correkter Gegensatz denkbar sei, endlich nicht, wie *jubila* überhaupt sich mit dem Epitheton *discordia* zu reimen vermöge, *jubila dissona* oder ähnliches könnte man sich etwa noch als eine Art Oxymoron gefallen lassen; überhaupt aber scheint für *jubila* an dieser Stelle und in dieser Schilderung kein Raum zu sein. Ich habe, noch ehe ich Heinsius Vermuthung *cessantibus* statt *grassantibus armis* kannte, folgende Aenderungen, bei welchen ich jetzt noch glaube beharren zu müssen, meinem Exemplar beigeschrieben:

> Qualis sæpe fuit, quæ libera Marte professo,
> Quæ domito procul hoste, *palam cessantibus* armis,
> Publica *confodit* tacito *præcordia* ferro.

Dass diese Fassung keines Commentars bedarf, wird hoffentlich eine Empfehlung für sie sein.

Eclog. II, v. 31

> At mihi Flora comas parienti gramine iungit,
> Et mihi matura Pomona sub arbore ludit.
> Accipe, dixerunt Nymphæ, puer, accipe fontes:
> Jam potes irriguos nutrire canalibus hortos.
> Me docet ipsa Pales cultum gregis, ut niger albæ
> Terga maritus ovis nascenti mutet in agna,
> Quæ neque diversi speciem servare parentis
> Possit et ambiguo testetur utrumque colore.

Das verdorbene *parienti* im ersten Verse hat Anton. de Rooy richtig in *pallenti* verwandelt, und im folgenden Vers hat Haupt durch die Aenderung *plaudit* für *ludit* den Gedanken herzustellen geglaubt. Ich kann ihm nicht beistimmen: nach der concreten und bestimmten Aeusserung über die Gunst der Flora im vorhergehenden Vers kann unmöglich der folgende die Gabe der Pomona mit dem unbestimmten blassen *plaudit* beziehen wollen. Auch scheinen die verschiedenen Anfänge des Verses *et mihi matura* und *et matura mihi* eher für eine tiefer gehende Verderbniss zu sprechen. Ich glaube, wenn das *gramen* der Flora ausdrücklich erwähnt wird, so hat Pomona nicht

weniger Recht ihre Früchte mit Nennung des Namens zu verlangen, und wenn wir bedenken, dass die Obstbäume, als unter
ihrem Schutz stehend, zunächst ihrer Huld zu verdanken sind,
dass sie also auch als ihr Eigenthum aufzufassen sind, so werden wir keinen Anstand nehmen, den Vers also zu schreiben:

> Et mihi *mala sua* Pomona sub abore *fundit.*

Im folgenden begreift man nicht, wie vom maritus ovis
ausgesagt werden kann, dass er die Farbe des Lammes „mutet"
(D. 1 mutat). Er bewirkt vielmehr eine Mischung der Farbe
beider Eltern, d. h.

> . . . . . ut niger albæ
> Terga maritus ovis nascenti *misceat agnæ,*
> Quæ *bene* diversi speciem servare parentis
> Possit etc.

Ich weiss wohl, dass *neque* (statt *bene*) nothdürftig zu
vertheidigen wäre, nicht zu rechtfertigen dagegen ist in der
früheren Strophe des Idas, welchem die eben genannten Verse
angehörten, der Ausdruck (v. 31)

> Jam levis obliqua *crescit* tibi fistula canna.

Sein Gönner Silvanus nämlich hat ihm neben andern Zeichen seiner Huld auch das werthvolle Versprechen (*non leve
carmen*) gegeben: Jam levis obliqua *crescet* tibi fistula canna
(der Dorvillianus I hat *crescat*). Und wenn derselbe Idas
singt: (v. 52 seqq.)

> O si quis Crotalen deus afferat, hunc ego terris,
> Hunc ego sideribus solum regnare fatebor,
> Decernamque nemus dicamque, sub abore numen
> Hoc erit: ite procul, sacer est locus, ite profani —

so muss selbst gegen *alle* Handschriften (obwohl gerade hier
die handschr. Ueberlieferung nicht sicher zu sein scheint) interpungirt und geschrieben werden:

> Decernamque nemus dicamque: sub arbore numen
> *Hac est;* ite procul, sacer est locus, ite profani.

Ecl. III, v. 22

> Nunc age, dic, Lycida, quæ vos tam magna tulere
> Jurgia? quis vestro deus intervenit amori?

Ich zweifle sehr, ob sich zu dem Ausdruck *quae vos jurgia tutere* eine Parallele wird finden lassen. Einstweilen schreibe ich

Nunc age dic, Lycida, quæ *vobis tanta fuere*
Jurgia?

Ibid. v. 71 seq.

Tradimus ecce manus: licet illæ et vimine torto
Scilicet et lenta post tergum vite domentur.

licet und *scilicet* in so kurzem Zwischenraum ist kaum erträglich; wahrscheinlich

si.placet et lentá post tergum vite domentur.

Ibid. v. 82

Qui metere occidua ferales nocte lupinos
Dicitur.

Doch wohl *occiduo* . . . . . *sole* . . .

Ibid. v. 94 seqq.

Ipse procul stabo, vel acuta carice. tectus
Vel propius latitans. vicina, ut sæpe, sub ara.

Mit Recht nennt Haupt diese Lesart der gewöhnlichen Handschriften „*ineptissima*". Dagegen bezweifle ich doch, dass „*rectissima sunt quae in* . . . *duobus codicibus* (Neapol. und Paris.) *scripta sunt* vicina sæpe sub orti." Warum sollte Calpurnius sich die ungebräuchliche Stellung von *sub* erlaubt haben, da ja so nahe lag *ricini sœpibus horti?*

Eclog. IV 107 seqq.

Scilicet omnis eum tellus, gens omnis adorat,
Diligiturque deis: quem sic taciturna verentur
Arbuta, cujus iners audito nomine tellus
Incaluit floremque dedit, *quo* silva vocato
Densat *rara* comas, *putrefacta* regerminat arbos —

Schreiben wir die Verse so, so werden wir der Hand des Dichters wenigstens näher gekommen sein als durch die vulgata *cui* (statt *quo*) *odore* (statt *rara*) und *stupefacta* (statt *putrefacta*). Zur Noth liesse sich vielleicht *stupefacta* noch rechtfertigen, aber „morsch, abgestanden" ist sicherlich ein sprechenderes und für diesen Fall charakteristischeres Beiwort. —

Auch möchte im Folgenden, v. 117, *Jam neque damnatos me-
tuit tractare ligones fossor* — zu lesen sein statt des überlieferten *iactare ligones.*

Haupt hat richtig bemerkt, dass, nachdem der Cæsar in
mehreren Strophen besungen war, es nicht mehr (v, 141) heissen könne

> Tu *quoque* mutata seu Jupiter ipse figura
> Cæsar, ades. —

Dagegen ist sein Vorschlag, *commutata* zu schreiben, des
Metrums wegen nicht eben empfehlenswerth, ich denke Calpurnius schrieb *Tu, rogo, mutata* e. q. s. (Vgl. 144 *hunc, precor,
orbem, hos, precor, aeternus populos rege* u. ä.)

Am Ende der Ecloge, wo Meliboeus die beiden Sänger
entlässt, wird es heissen müssen: *nunc ad flumen oves deducite.
iam furit æstus* statt des überlieferten *iam fremit aestas.*

Eclog. V, 5 seqq.

> 5 Quas errare vides inter dumeta capellas
> 7 Canthe puer, quos ecce greges a monte remotos
> 8 Cernis in aprico decerpere gramina campo
> 6 Canaque lascivo concidere *germina* morsu,
> 9 Hos tibi do senior iuveni pater —

Ich habe die Reihenfolge der Verse geglaubt ordnen zu
müssen, wie sie oben vorliegt, aber auch in der alten Ordnung
waren die wiederholten *gramina* unmöglich. (Die Verwechs-
lung zwischen ihnen und den *germina* kehrt unten v. 55 wieder),
unmöglich ist auch, aus demselben Grund, v. 19 seqq.

> Tunc etenim melior vernanti gramine *silva*
> Pullat et æstivas reparabilis inchoat umbras,
> Tunc florent *silvæ* viridisque renascitur annus.

Ich meine es ist zu lesen tunc florent *tiliæ.*

Ibid. v. 32 seqq.

> At si forte vaces, dum matutina relaxat
> Frigora sol, tumidis spument tibi mulctra papillis,
> Inplebis quod mane fluet, rursusque premetur
> Mane quod occiduæ mulsura redegerit horæ.

Von diesen Versen bemerkt Haupt: *turpe est ad malas con-*

jecturas additas esse peiores neminemque facillimam horum versuum emendationem invenisse. **Scripsit enim Calqurnius:**

> At si forte vaces, dum matutina relaxat
> Frigora sol, tumidis *spumantia mulctra* papillis
> *Inplebit* quod mane fluet.

Aber auch diess ist Conjectur und zwar eine falsche. Der Codex Neapol., dem Haupt sich noch enger hätte anschliessen sollen, hat, wie Haupt selbst bezeugt, *spument trimultra* und *implebis*, woraus herzustellen war

> At si forte vaces, dum matutina relaxat
> Frigora sol, tumidis *spument si* mulctra papillis,
> Implebis e. q. s.

Die „schäumenden" Milcheimer können doch wahrlich nicht mehr „gefüllt" werden mit dem *„quod mane fluet"*, (denn sie sind ja schon übervoll); im Gegentheil, aus ihnen müssen andere Gefässe gefüllt werden, *calathi* oder wie sie nun heissen mögen; sie sind an unserer Stelle nicht genannt, weil diess bei technischen Ausdrücken wie hier *implere*, gerade wie auch in unserer Sprache, sich von selbst versteht. — An einer andern Stelle desselben Idyll's lässt uns aber, so viel ich sehe, die Neapol. Handschrift im Stich, obwohl Glæser sie ohne weiteres aufgenommen hat; v. 44 seq.

> Nec nimis amotæ sectabere pabula silvæ,
> Dum *peragunt* vernum Jovis inconstantia tempus.

In der vulgata *peragit* kommt doch wenigstens die Grammatik zu ihrem Recht; wie aber Gläser ohne weitere Aenderung seinen Pluralis *peragunt* in den Text setzen konnte, begreift man nicht. Freilich ist die vulgata auch nicht richtig; ist die Stelle sonst heil und ohne Lücke (zu deren Annahme kein Grund vorliegt) so werden wir schreiben müssen

> Dum *variat* vernum Jovis inconstantia tempus,
> Veris enim dubitanda fides seqq. (vgl. v. 50 nec fuerit
> variante deo mutabile cœlum).

Zu manchem Bedenken gibt Anlass die Stelle v. 60 seqq.

> Verum ubi declivi jam nova tepescere sole
> Incipiet seræque videbitur hora merendæ,
> Rursus pasce greges et opacos desere lucos.

Nec prius æstivo pecus includatur ovili,
Quam levibus nidis somnos captare volucres
Cogitet et tremuli tremebunda coagula lactis.

Unerheblich ist dabei die Lesart des Neapol *declivis* im ersten Verse, merkwürdig dagegen was im zweiten derselbe Codex bietet *serique videbitur hora premendi*; gleichwohl gibt schon das Metrum einen `Fingerzeig, dass die vulgata hier recht hat, denn durch Annahme der Lesart des Neapol., man mag sich nun zu *incipiet* oder statt *incipiet* ◡ denken was man will, würde der Vers jeder Cäsur entbehren. Aber fällt denn nun wirklich die *merenda* jemals auf die *nona?* Und ist die *nona* diejenige Stunde, wo man von *sol declivis* sprechen darf? Und kann es von der *nona* selbst heissen, dass sie *tepescit?* Trügt mich nicht alles, so ist das Richtige

Verum ubi declivi iam *rura* tepescere sole
Incipient, seræque videbitur hora merendæ.

Nun aber die Hauptschwierigkeit in den folgenden Versen, welche, wie sie nach der Ueberlieferung lauten, jeder vernünftigen Erklärung trotzen. Doch hier hilft der Neap. auf die Spur. Es ist klar, dass der Verstheil *tremulo tremebunda coagula lactis* nichts ist als eine aus Reminiscenz an III, 69 (et nullo tremuere coagula lacte) hieher gerathene Glosse, wozu der Ausdruck *tremebundus* oder *tremulus* Veranlassung gab, von denen *einer* jedenfalls an unsere Stelle gehört, denn der Neapolitanus hat, statt jener Reminiscenz der vulgata, den Vers *cogitet et tremulo tremebunda fruniat ore.* Dankbar wird man die beiden letzten Worte anzunehmen haben; auch *tremulo* passt trefflich zu *ore*, damit fällt aber *tremebundo* weg, offenbar nur eine fernere Glosse zu *tremulo.* In *fruniat* kann *fritinniat* stecken, allein auf keinen Fall darf mit Glaser vermuthet werden *cogitet ac tremulo tremebunda [gemebunda? querebunda?] fritinniat ore* — denn *tremebunda* fällt von selbst weg, und diejenigen Vögel, von welchen hier die Rede ist, haben weder zu seufzen, noch zu klagen, so dass auch von *querebunda* und ähnlichem nicht die Rede sein kann. Aber eine Verneinung ist durchaus nöthig für den Gedanken, und diese muss die

Stelle von *tremebundo* ausfüllen. Ich glaube mich nicht weit vom
ursprünglichen Text zu entfernen, wenn ich schreibe:

Quam levibus nidis sommos captare *volucris*
Cogitet *ac* tremulo *iam non fringutiat* ore

(*votucris* ist die vulgata lectio und *ac* bieten mehrere Handschriften).

Dem Besitzer von Schafen wird der Rath gegeben, v. 84,
seinen Thieren Zeichen einzubrennen: nam tibi lites.

Auferat ingentes lectus possessus in armo.

ingentes kann richtig sein, ist aber immerhin für den Gegenstand etwas hoch gegriffen, vielleicht *ingratas*. Bald darauf
v. 89 seqq. heisst es:

Lurida conveniet succendere galbana sæptis
Et tua cervino lustrare mapalia fumo.
Obfuit ille malis odor anguibus: ipse videbis
Serpentum cecidisse minas. Non stringere dentes
Ulla potest *uncos* seqq.

Das Präteritum *obfuit* hat durchaus keine Berechtigung hier,
es ist zu lesen *obficit* ille malis odor anguibus. Merkwürdig
ist, dass die Schlangenzähne *unci* sein sollen! Ich denke, Calpurnius schrieb: *non stringere dentes ulla potest* unctos. (Gift-
zähne, vergl. Verg. Aen. IX. 773 *ungere tela manu*. Gleich darauf folgt (v. 95 seqq.):

Nunc age vicinæ circumspice tempora brumae
Qua ratione geras. Aperit cum vinea sæpes
Et portat lectas securus circitor uvas,
Incipe falce nemus vivasque recidere frondes.

Tempora *gerere* wird schwer zu belegen sein, wahrscheinlich
stammt vom Dichter:

circumspice tempora brumæ
Qua ratione *regas* —

Warum heisst ferner der circitor (denn ohne Zweifel ist dieses
vom Neapol. überlieferte Substantivum dem vinitor der Vulgata vorzuziehen) — warum heisst er *securus?* „Weil er in
seiner Eigenschaft keine Strafe zu fürchten hat." Mag sein,
auch wollen wir uns gefallen lassen (v. 98):

Incipe falce nemus *rivasque* recidere frondes
für *viridesque* recidere fr., sogar das ungewöhnlich kühne,
(v. 101) *tremulas non excutit Africus umbras*; aber unmöglich
können wir uns zufrieden geben mit v. 104:

> Sic tibi nitendum est, labor hic in tempore noster,
> Gnavaque sedulitas redit et pastoria virtus.
> Nec pigeat ramos siccis miscere recentes.

Der Codex Neap. hat *Hoc tibi nectendum labor hic*; ferner *ne pigeat*. Daraus ergibt sich für mich:

> *Hac* tibi *nec standum* (labor *hoc* in tempore noster
> Gnavaque sedulitas redit et pastoria virtus):
> Ne pigeat eqs.

Der Gedanke ist: und dabei darfst du nicht stehen bleiben (denn jetzt gibt es für uns zu thun): du darfst dich nicht verdriessen lassen zu der ersten Arbeit, dem Abstreifen der frischen Blätter, die zweite hinzuzufügen, nämlich sie mit dürren zu vermischen.

Eclog. VI, 84 seqq.:

> Me, puto, vicinus Stimicon, me proximus Aegon
> Hos inter frutices tacite risere volentem
> Oscula cum tenero *simulare* virilia Mopso.

Oscula simulare? Was soll das heissen? Oscula *mutare* scheint hier allein möglich zu sein.

Ecloge VII beginnt mit den Worten:

> Lentus ab urbe venis, Corydon: vicesima certe
> Nox fuit, ut nostræ cupiunt te cernere silvæ,
> Ut tua mærentes exspectant iubila tauri.

Diese können, wenigstens mit dieser Interpunktion, kaum richtig sein. Man könnte sich zur Noth etwa gefallen lassen:

> vicesima certe
> Nox fuit. Ut nostræ cupiunt te cernere silvæ!
> Ut tua mærentes exspectant iubila tauri!

Aber hart wäre auch hier noch der Ausdruck *nox fuit* statt *est*, und nur so zu erklären, dass Corydon mit Tagesanbruch heimgekehrt wäre. Aber ist diese Voraussetzung glaublich? Heinsius schlug daher mit sicherem Gefühl *nox ruit* vor. Aber rechneten denn die Römer nach Nächten?

Ich vermuthe daher:

> vicesima certe
> *Lux fugit*, ut nostræ cupiunt te cernere silvæ,
> Ut tua mærentes exspectant iubila tauri. —

Ibid. 37 seqq.:

> ... stabam defixus et ore patenti
> Cunctaque mirabar necdum bona singula noram.
> Tum mihi *iam* senior lateri qui forte sinistro
> Junctus erat, Quid te stupefactum, rustice, dixit,
> Ad tantas *mirarer* opes?

So ist zu lesen statt des gewöhnlichen *tum mihi, tum se-nior* (vergl. v. 43 *en ego iam tremulus*) und *ad tantas miraris opes*, wie der Contrast deutlich zeigt (v. 43 und 44 *en ego iam tremulus ..... stupeo tamen omnia*). Der Neapolitanus lässt uns hier im Stiche, denn er hat v. 40 *quid me* statt *quid te stupef.*; dagegen an einer andern Stelle derselben Ecloge ist er es allein, der uns auf die richtige Spur leitet; v. 66 seqq.:

> Ah trepidi quoties *sola* discedentis arenæ
> Vidimus *inverti*, ruptaque voragine terræ
> Emersisse feras —

wo die übrigen Handschriften *quoties nos descendentis*, der Neapolitanus dagegen *sol disced.* bietet, wornach Haupt die Stelle gebessert hat. Ich selber habe, ehe ich Haupt's Emendation kannte, die Corruptel hauptsächlich gesucht in dem Ausdruck *in partes* (statt *inverti*) der Handschriften:

> Ah trepidi quoties nos discedentis arenæ
> Vidimus *in præceps* —

ich gebe aber gern der Haupt'schen Aenderung den Vorzug.

Ecloge VIII beginnt mit den Worten:

> Dum fiscella tibi fluviali, Tityre, iunco
> Texitur et raucis resonant tua rura cicadis,
> Incipe si quod habes gracili sub arundine carmen —

Hier ist der Ausdruck *resonant .... rura cicadis* keineswegs die beglaubigte Ueberlieferung, sondern eine in schlechtern Handschriften aus Vergil Ecl. II, 12 entlehnte Reminiscenz; denn der Cod. Neap. hat statt dessen die merkwürdigen Worte *in mutua rura cicadis*. Haupt glaubt nun zuversichtlich corrigiren zu sollen *rumpuntur rura cicadis* (ebenfalls nach Vergil Georg. III, 328). Indess diese Emendation ist keineswegs so sicher, wie er glaubt. Denn gerade aus jener vergilianischen Stelle geht hervor (was übrigens jetzt noch ein jeder Sommertag zur Genüge zeigt), dass erst beim Beginn der grossen Hitze das Gezirpe der Cicaden beginnt (Georg. III, 324 seqq. *Luciferi primo cum sidere frigida rura carpamus, dum mane novum, dum gramina canent et ros in tenera pecori gratissimus herba. Inde ubi quarta sitim cœli collegerit hora et' cantu querulae rumpent arbusta cicadae, ad puteos aut alta greges ad stagna jubeto ... potare* seqq.). In unserer Ecloge soll aber offenbar der Gesang *vor* der Hitze sich abwickeln (vergl. v. 6 seqq. *Incipe ...... dum ros et primi suadet clementia solis*), denn wenn die Stunde kommt, wo die Grillen zirpen, hat der Hirt anderes zu thun, er ist dann gerade, wie dort aus Vergil hervorgeht, mit dem Vieh vollauf beschäftigt. Unser Vers verlangt demgemäss den umgekehrten Gedanken, als welchen Haupt hineincorrigirt. Am nächsten der Ueberlieferung des Neapolitanus liegt aber *raucis immunia* (*inmunia*) *rura cicadis.* (sc. *sunt.*) Ibid. v. 15:

Te nunc rura sonant: nuper nam carmina victos
Risisti calamos et dissona flamina Mopsi.

So der Neapolitanus, während die Vulgata *victor* las. Beides ist, meines Bedünkens, unerträglich. Ich denke, Nemesianus schrieb:

Nuper nam *carmine raucos*
vicisti calamos et dissona flamina Mopsi.

Unentschieden lasse ich, ob in v. 19 seqq.:

Quem nunc emeritæ permensum tempora vitæ
Secreti pars orbis habet mundusque piorum

nicht *siderei pars orbis habet* (vgl. v. 39 und 40 *nam si sublimes animæ cœlestia templa sidereasque colunt sedes* . . .) zu lesen sei; dagegen lässt sich, wie ich glaube, sicher nachweisen, dass der Vers 28, welcher in den meisten Handschriften fehlt (der Neapolitanus hat ihn), durchaus in den Text gehört. Die Stelle mit ihrer Umgebung lautet, v. 27 seqq.:

Sed quia tu nostræ laudem deposcis avenæ,
Accipe, quæ super hæc cerasus, quam cernis ad amnem,
Continet, inciso servans mea carmina libro.

Nun mussten die Handschriften, welche den mittlern Vers weg-
liessen, statt *servans* des letzten Verses einen Baumnamen (*quer-
cus*) einschwärzen, um der Construction einigermassen gerecht
zu werden. Der Grund des Wegfalls von v. 28 ist aber einfach zu erkennen in dem ähnlichen Versschluss von 27 und 28
auenae und *amne*.

Ibid. v. 49 :

Heu, Meliboee, iaces mortali frigore segnis
Lege hominum, cœlo dignus, *canente senecta*,
Concilioque deum. Plenum tibi *ponderis* æqui
Pectus erat. Tu ruricolum discernere lites
Assueras varias *patiens* mulcendo querelas.

Wer den Dichter, sei dieser auch noch so mittelmässig, für
fähig hält, das an jenem Platz ganz ungehörige *canente senecta*
zwischen die beiden ganz spezifisch von ihm verschiedenen Ab-
lative *cœlo* und *concilio* einzuschreiben, besonders nach den kurz
vorhergegangenen Versen (43—45: *Longa tibi cunctisque diu spec-
tata senectus, felicesque anni, nostrique novissimus aevi circulus in-
nocuae clauserunt tempora vitae*) — wer diess gesonnen ist, muss
nothwendigerweise Alles und Jedes noch so schroffe und ungehörige vertheidigen und aller und jeder Critik ihre Berechtigung absprechen. Ich bin freilich auch nicht im Stande an-
zugeben, welche Worte den Schluss von v. 50 ursprünglich
gebildet haben: denke mir aber, in *senecta* stecke das Particip
peracta, wornach sich dann ziemlich von selbst ergeben würde:
... *cœlo dignus post fata peracta concilioque deûm.* — Aben-
teuerlich scheint auch der Ausdruck *ponderis aequi plenum
pectus* statt *plenum tibi iuris et aequi pectus erat*; sicher aber
ist *patiens* verdorben in v. 53. Das Einfachste scheint mir
zu sein *varias pacans mulcendo querelas.* (Aus *pacans* entstand
erst *paciens*, hernach *patiens*.)

Ibid. v. 64:

> Felix o Meliboe, vale: tibi frondis odoræ
> Munera dat lauros carpens ruralis Apollo:
> Dant Fauni, quod quisque valet, de vite racemos,
> De *campo* culmos, omnique ex arbore fruges.

Um mit dem Sichern anzufangen, so muss im letzten der ange-
fangenen Verse *campo* dem Wort *messi* weichen, welches der Neapolitanus unter der Form *messe* bietet. Da nun *messis* bekanntlich seinen Accusativ auf *im* bilden kann, so dürfen wir ohne
Zögern dem Nemesianus — und nicht nur ihm — einen Ablativ
messi zutrauen. Also *de messi* culmos. Vielleicht ist im vorhergehenden Vers zu schreiben *dant Fauni quot quisque valet*
(*scil. racemos dare*) etc. und da der Lorbeer sicherlich nicht
deswegen werth war, weil er wohlriechend ist, so darf man
wohl vermuthen, dass der Schluss von v. 64 gelautet habe:

> . . . . tibi *frontis honora*
> Munera dat, seqq.

Ecloge VIIII beginnt mit der Erzählung, dass zwei noch un-
reife Knaben (*rudibus annis*) ein Mädchen (v. 5)

> Invasere simul, Venerisque inmitis uterque
> Tunc primum dulci carpebant gaudia furto.
> Hinc amor et pueris iam non puerilia vota,
> Quis anni ter quinque, hiemes et cura iuventæ.

Schon früh hat man das Unpassende des Ausdruckes *anni ter
quinque hiemes* eingesehen und zu beseitigen gesucht. Merkwürdiger Weise meint dagegen Haupt wieder: dergleichen
„*condonanda esse Nemesiana*“. Ich würde diess selbst in dem
Fall bestreiten, dass der übrige Theil des Verses heil wäre,
aber er ist es ja nicht und Haupt hat *cura inventae* nicht ohne
Wahrscheinlichkeit geändert in *cruda iuventa*. Ich meiner-
seits sehe auch in *hiemes* (*hyemes*) eine Corruptel und ändere
mit Benütztung von Haupt's Emendation:

> quis anni ter quinque, *hymeni sed cruda iuventa.*

Ibid. v. 11 seqq.

> Sed postquam Donacen duri clausere parentes,
> Quod non tam teuni filo de voce sonaret

Sollicitusque foret pinguis sonus, improba cervix,
Tum vero ardentes flammati pectoris æstus
Carminibus dulcique parant relevare querela.

Dass der zweite Vers verdorben, ist klar; einmal hat *tam* keine
Relation zu einem *quam* oder *ut*, dann aber ist der Ausdruck
filo de ein Unding. Nun aber passt, um den ersten Uebelstand
zu beseitigen, sehr gut zu dem Gedanken *quod non i a m = non
amplius*. Dann könnte man, zweitens, versucht sein zu schreiben
quod non iam tenui s u a f i l i a voce sonaret, und das scheint
noch am gerathensten zu sein, wenn man dem Dichter nicht
etwa die Abgeschmacktheit zutrauen will:

quod non iam tenui, f i l u m c e u, voce sonaret.

Ibid. v. 62 seqq.

> quæ, licet interdum, contexto vimine clausæ
> cum *caveæ* patuere fores, ceu libera ferri
> norit . . . .
> scit rursus remeare domum.

Haupt hat ohne Zweifel richtig *clausa* in *c l a u s æ* verändert; doch wird bei Nennung der Thür, die der Vogel bis-
weilen geöffnet findet, doch auch derjenige Gegenstand nothwendig zu nennen sein, welchem die Thüre angehört — der
Vogelbauer nämlich. Ich habe desswegen *parvæ* der Handschriften in *caveæ* verändert.

Eclog. X, 21 seqq.

> Vera Jovis proles: iam tunc post sidera cœli
> Sola Jovem Semele vidit Jovis ora professum.

Es ist von Bacchus die Rede, aber der erste Vers scheint
verdorben. Es muss vielleicht heissen

> . . . . . *nam* tunc *per* sidera cœli
> Sola Jovem Semele vidit Jovis ora professum.

Von demselben Bacchus, dieser „*vera Jovis proles*" heisst
es nun v. 35 seqq.

> Interea pueri florescit pube inventus
> Flavaque maturo tumuerunt tempora *cornu*.

Ein gehörnter Bachus (und noch dazu *maturo cornu*) passt
aber schlecht zu „*vera Jovis proles*"; der Bacchus, welcher
in unserer Ecloge geschildert wird, hat mit den κερατοφυῆς

(ταυρόκερως) nichts zu schaffen — oder der Dichter müsste in seiner Mythologie sich eine sonderbare Idiosyncrasie zu Schulden kommen lassen! Ich vermuthe daher, dass statt *cornu crine* zu lesen sei. Nachdem der Gott nun den Satyrn befohlen *ignotos (ignitos?) calcate racemos* (v. 40), so

.... vindemia fervet
Collibus in summis, crebro pede rumpitur uva
Rubraque purpureo sparguntur pectora musto.
Tum satyri, lasciva cohors, sibi pocula quisque
Obvia corripiunt: quod fors dedit, *arripit usus.*

Die Vulgata las *nudaque purpureo;* Glæser hat aus dem Neapolit. *rubraque* aufgenommen; aber das Epitheton kann nicht richtig sein; *rubra pectora* gibt's erstens kaum, zweitens wäre auf rothen Brüsten eine jede sichtbare Wirkung des *purpureum mustum* so ziemlich aufgehoben. Nemesianus wird wohl *scabraque purpureo sparguntur pectora musto* geschrieben haben. Eine schwerere Corruptel liegt indess im Schlusssatz der angeführten Verse *quod fors dedit arripit usus,* wie er im Neapolit. überliefert ist. Und doch ist die Heilung nicht so schwierig. Liest man die folgenden Verse *cantharon hic retinet, cornu bibit alter adunco, concavat ille manus* u. s. w., so wird man nicht zweifeln, dass zu ändern ist:

.... quod fors dedit *accipitur vas*
(*arripitur* kaum, wegen des unmittelbar vorangehenden *corripiunt).* Metrisch ganz gleich ist der Ausgang von v. 17 derselben Ecloge *montivagus Pan.*

In der drastischen Schilderung der Folgen gierigen Trinkens, v. 53 seq.

...... potis saliens liquor ore resultat
spumeus inque humeros et pectora defluit humor

ist entweder der Dichter sehr nachlässig gewesen, wenn er wirklich schrieb *saliens liquor resultat,* oder es muss geändert werden (was ich vorziehe zu glauben)

.... potis *rediens* liquor ore resultat.

Der zweite Vers aber ist nach Anleitung des Neapol. (*euomit inque)* zu schreiben

Evomitusque humeris et *pectore* defluit humor.

Ibid. 56

Et Venerem iam vina movent: raptantur amantes
Concubitu Satyri fugientes iungere Numphas.

Hier ist auffällig *raptantur* mit dem Infinitiv. In der handschriftlichen Ueberlieferung findet sich keine namhafte Verschiedenheit, nur hat der Neapol. *concubitum*. Vielleicht ist (nach vergilianischem Beispiel) zu schreiben *trepidant:*

Et Venerem iam vina movent: *trepidant adamantes*
Concubitum Satyri fugientes iungere Nymphas.

Eclog. XI, 7 seqq.

Hos puer et Meroe multum lusere furentes,
Dum modo condictas vitant in vallibus ulmos,
Nunc fagos placitas fugiunt, promissaque fallunt
Antra nec est animus solitos *alludere* fontes.

Entweder muss es heissen *solitos accedere fontes*, oder, wie ich glaube, per anastrophen, *solitos ad ludere fontes*, was nicht härter ist als z. B. das Ovidianische *Jure venit cultos ad sibi quisque locos.*

Weiter heisst es (11 seqq.)

Tum tandem fessi, quos lusus adederat ignis,
Sic sua desertis nudarunt vulnera silvis
Inque vicem dulces cantu luxere querelas.

Sobald das Feuer anfängt zu verzehren, hört es auf ein Spiel zu sein; darum muss mit Cod. Neap. *quos durus adederat ignis* gelesen werden. *Luxere querelas* (wofür die Vulgata *dixere quer.*) des Neapolit. — was Glæser aufgenommen hat — ist ein kaum zu rechtfertigender Ausdruck, weil *queri* und *lugere* ungefähr dasselbe ist. Ich sehe nicht ein, wie dem Verse anders geholfen werden kann als durch

Inque vicem *dulci cantu mulsere* querelas.

(vgl. den Refrain v. 31, 43, 49 u. s. w.: *levant et carmina curas*).

Ibid. v. 24.

Donum forma breve est nec se quod commodat annis.

So hat Glæser die Ueberlieferung des Neapolitanus *nec se quod commodat annus* geglaubt ändern zu müssen. Dass er gegenüber der Vulgata *nec se tibi commodat annus* jene Lesart zu Ehren zog, ist ganz in der Ordnung, doch ist, so viel ich sehe, eine andere Correktur nöthig; *annus* ist nämlich ganz in der Ordnung, denn die Jahre fügen sich nicht der Schönheit, wohl aber umgekehrt. Ich vermuthe daher, in *quod* des Neapolit. steckt der Dativ *quoi* und wir haben zu lesen

Donum formæ breve est, nec se *quoi* (cui) commodet annus:

Ibid. v. 56 seqq.

Quisquis amat pueros, ferro præcordia duret,
Nil properet, discatque diu patienter amare
Prudentesque animos teneris non spernat in annis,
Perferat et fastus. —

Hier können doch die *teneri anni* nur auf die geliebten Knaben bezogen werden, von denen man *prudentes animos* noch nicht erwarten darf, sondern sich auf *fastus* gefasst machen muss. Man wird also wohl zu lesen haben

Prudentesque animos teneris non *speret* in annis.

Eine Grabschrift auf die beiden feindlichen Brüder von Theben — es gibt deren mehr als eine — lautet in der Anthol. Palat. VII, 396:

Οἰδίποδος παίδων Θήβη τάφος · ἀλλ᾿ ὁ πανώλης
τύμβος ἔτι ζώντων αἰσθάνεται πολέμων.
κείνους οὖτ᾿ Ἀΐδης ἐδαμάσσατο, κὴν Ἀχέροντι
μάρνανται · κείνων χὠ τάφος ἀντίπαλος
καὶ πυρὶ πῦρ ἤλεγξαν ἐναντίον . ὦ ἐλεεινοὶ
παῖδες, ἀκοιμήτων ἀψάμενοι δοράτων.

Darin ist alles verständlich, bis auf die erste Hälfte des vorletzten Verses. Bei den Erklärern finde ich nichts Genügendes darüber, was der Ausdruck πυρὶ πῦρ ἤλεγξαν bedeuten könne oder müsse, denn was *ungefähr* damit gemeint sei, ergibt sich aus parallelen Erzählungen und der Ueberlieferung; keine der Parallelstellen aber (die hier überhaupt nur *sachliches* Gewicht haben) erklärt jenen Ausdruck *sprachlich* auch nur im Geringsten. Aus der lateinischen Uebersetzung bei Dübner „et igni ignem manifestarunt contrarium“ wird nicht viel gewonnen, weil sie das Unverständliche nur im lateinischen Gewand wiedergibt: die beiden Brüder zeigen doch sicher nicht eine sich feindlich spaltende Flamme [1]), sondern diese zeigt den unversöhnlichen Hass

---

[1]) Und diess allein könnte heissen πυρὶ πῦρ ἤλεγξαν ἐναντίον —

derselben; wir bedürfen also zu ἤλεγξαν offenbar und nothwendig ein anderes Object als πῦρ, etwa:

καὶ πυρὶ κῆρ ἤλεγξαν ἐναντίον —

„und sie zeigten ihr feindliches Herz durch die Flamme"; allein da man ἐναντίον ungern als Epitheton zu πῦρ preisgeben würde, so liegt näher und ist, meines Erachtens, das Richtige

κείνων χὠ τάφος ἀντιπάλους
καὶ πυρὶ πῦρ ἤλεγξεν ἀναντίον.

„Selbst ihr Grab und die feindlich auseinander gehende Flamme zeigte die Gegner".

VII, 141.

Schön und sinnig ist die Sage von den Ulmen, welche das Grab des Protesilaus beschatteten und als leblose Wesen gleichwohl die Trauer um den Gefallenen und den Ingrimm gegen seine Mörder zu erkennen gaben:

v. 5 seqq. δένδρα δε δυσμήνιτα, καὶ ἤν ποτὶ τεῖχον ἴδωσι
Τρώϊον, αὐαλέαν φυλλοχοεῦντι κόμην,
ὅσσος ἐν ἡρώεσσι τότ' ἤν χόλος, οὗ μέρος
ἀκμὴν
ἐχϑρὸν ἐν ἀψύχοις σώζεται ἀκρεμόσιν.

Sehr ähnlich, bis auf einzelne Ausdrücke und Wendungen hinab, ist diesem Epigramm des Antiphilus Byzantius ein anderes (VII, 385) von Philippus, dessen Ende lautet:

ϑυμὸν ἐπὶ Τροίη πόσον ἔζεσας, ἡνίκα τὴν σὴν
σώζει καὶ στελέχη μῆνιν ἐπ' ἀντιπάλους!

Ein Fingerzeig, dass der Schluss des zuerst angeführten ὅσ-σος ἐν ἡρώεσσι seqq. durchaus nicht anzufechten und etwa in τόσσος ἐν ἡρώεσσι seqq., wie versucht wurde, zu ändern ist. Wir haben, wie dort, einen Ausrufsatz vor uns, der durch ὅσος ebenso wohl eingeleitet werden kann, wie durch πόσος. Sofort ergibt sich nun aber, dass auch οὗ (μέρος) als Relativum richtig ist und dass es nicht „relativam structuram turbare videtur", wie es bei Dübner heisst, denn es steht, nach dem bekannten Gräcismus, für ὅτι τούτου; unbegreiflich ist, dass Hecker, entgegen Suidas und Planudes, die schlechte Lesart des Palatinus οὐ μέρος annehmen und vertheidigen konnte!

Allerdings muss aber noch eine Aenderung eintreten, denn wie man neben χόλος dessen μέρος ἐχϑρὸν will bestehen lassen, ist mir nicht klar, man müsste denn dem Dichter eine grosse Incorrektheit aufbürden wollen; der χόλος kann doch wahrhaftig kein μέρος φίλον haben, wozu also ἐχϑρὸν? Auch liegt im Epitheton ἀψύχοις ein Wink, dass der Dichter statt ἐχϑρὸν ein Adjectiv gewählt hat, welches das Wunderbare noch erhöht; was ἄψυχον ist, denken wir uns auch *kalt;* ich meine daher ϑερμὸν ἐν ἀψύχοις und, mit dankbarer Annahme der Dübner'schen Emendation μένος statt μέρος (obwohl dieses letztere auch Suidas und Planudes bieten), schreibe ich:

ὅσσος ἐν ἡρώεσσι τότ᾽ ἦν χόλος, οὗ μένος ἀκμὴν
ϑερμὸν ἐν ἀψύχοις σώζεται ἀκρεμόσιν.

VII, 8 u. VII, 9.

In zwei Epigrammen auf den Sänger Oedipus — Anthol. Palat. VII, 8 u. VII, 9 — welche beide aus vier Disticha bestehen, weist nicht nur der Inhalt, sondern auch die Form so viel Aehnlichkeiten auf, dass, wenn das erste beginnt:

οὐκέτι ϑελγομένας, Ὀρφεῦ, δρύας, οὐκέτι πέτρας
ἕξεις, οὐ ϑηρῶν αὐτονόμους ἀγέλας —

und v. 4 und 5 des zweiten lauten:

ᾧ δρύες οὐκ ἀπίϑησαν, ὅτῳ σὺν ἅμ᾽ ἕσπετο πέτρη
ἄψυχος ϑηρῶν δ᾽ ὑλονόμων ἀγέλα —

dass also, meine ich, die Vermuthung nicht zu kühn ist, es sei von beiden Dichtern den Thieren dasselbe Epitheton ertheilt worden, sei es nach älterer Ueberlieferung, oder dass einer den andern vor Augen hatte; mir scheint der Begriff der „Thiere des Waldes" also ὑλονόμους ἀγέλας der passendere zu sein.

VII, 17.

Tullius Laureas lässt die Sappho sagen, v. 5 seqq.:

ἢν δέ με Μουσάων ἐτάσῃς χάριν, ὧν ἀφ᾽ ἑκάστης
δαίμονος ἄνϑος ἐμῇ ϑῆκα παρ᾽ ἐννεάδι,
γνώσεαι ὡς Ἀίδεω σκότον ἔκφυγον · οὐδέ τις ἔσται
τῆς λυρικῆς Σαπφοῦς νώνυμος ἠέλιος.

Man darf sich billig wundern, dass hier die Erklärer ohne Anstoss zu nehmen vorübergegangen sind, sogar die Uebersetzer, denen doch die Worte *Μουσάων ὧν ἀφ' ἑκάστης δαί-μονος* hätten Scrupel machen sollen. Freilich, auch in der Uebersetzung bei Dübner heisst es gleichfalls „Musarum . . . quarum a quaque *dea*". Aber ist diese Construction erhört? Bekannt ist, dass sowohl im Griechischen als auch (und besonders) im Lateinischen im Relativsatz *dasselbe* Wort kann wiederholt werden, auf welches das Relativ sich bezieht, z. B. Musarum quarum Musarum uniuscuiusque u. s. w.; auch lässt man sich gefallen Musarum quarum dearum uniuscuiusque; *Μουσάων ὧν δαιμόνων ἀφ' ἑκάστης* — was aber in unserem Text steht, scheint jede dichterische Freiheit zu übersteigen, und warum sollte auch ein nur halbwegs gewandter Poet diesen ganz unmotivirten salto mortale wagen, da ja das erste beste Adjectiv zu *ἄνθος* alle Schwierigkeit wegräumt? Ein solches wird denn auch ohne Zweifel in *δαίμονος* zu suchen sein, vielleicht *αἴολον*, vielleicht aber auch — in Bezug auf *ἑκά-στης* und *ἐννεάδι.* — *ἓν μόνον ἄνθος.*

Ein Epigramm auf Menander — Anthol. Palat. Tom. II, p. 875, 377 Jacobs; delect. epigr. graec c. IV. 71 Jacobs — lautet:

Φαιδρὸν ἑταῖρον Ἔρωτος ὁρᾷς, σειρῆνα θεάτρων
τόνδε Μένανδρον ἀεὶ κρᾶτα πυκαζόμενον,
οὕνεκ' ἄρ' ἀνθρώπους ἱλαρὸν βίον ἐξεδίδαξεν,
ἡδύνας σκηνὴν δράμασι πᾶσι γάμων.

Alles ist darin heil bis auf die beiden letzten Worte, denn auch Jacob's Erklärung (delect. p. 109), „*δράματα γάμων pos-sunt* esse variæ illæ vicissitudines, quibus in comœdiis Menandri res tandem ad nuptias adducitur", trägt deutliche Zeichen an sich, dass der Erklärer selber nicht recht von der Möglichkeit seiner Interpretation überzeugt war [1]. Meineke's Vermuthung *γάμῳ*, wonach der Gedanke des Schlussverses wäre „omnibus in fabulis scenam nuptiarum celebritate exhilarans" empfiehlt sich zwar durch ihre Leichtigkeit, weckt aber mehr als

---

[1] Zudem bleibt *πᾶσι* hiebel ganz unberücksichtigt; es müsste, wenn Jacobs Erklärung annehmbar sein sollte, doch wenigstens *δράμασιν οἷσι γάμων* „durch *seine* Heirathsspiele" heissen.

ein Bedenken, denn erstlich wäre der Singularis γάμῳ auffallend, zweitens aber das Fehlen der Präposition vor δράμασι, und diess um so mehr, weil nun zwei ganz verschiedene Dative unmittelbar zusammenstossen. Ich glaube in πᾶσι γάμων steckt *ein* Wort, nämlich:

ἡδύνας σκηνὴν δράμασι κλεψιγάμων.

VII, 411.

Das Epigramm des Dioscorides auf Aeschylus ist gleichfalls im letzten Vers verdorben:

. . . . ὦ στόμα πάντων
δεξιὸν, ἀρχαίων ἦσθά τις ἡμιθέων.

Diess kann unmöglich richtig sein, da der Genitiv πάντων kein regens bei sich hat; dass der Comparativ hie und da statt des Superlativs steht, gerade bei πάντων, ist bekannt, vom Positiv möchte es schwer zu beweisen sein. Reiske hat (gewiss aus diesem Grunde) ἄξιον corrigirt und Meineke, Hecker, Dübner billigen diese Vermuthung. Ich kann sie nicht theilen, da ich überzeugt bin, dass der ursprüngliche Ausdruck des Dioscorides auf eine Auszeichnung des Aeschylus vor allen andern (Dichtern) zielte, πάντων demnach als genitivus mascul. zu fassen ist. Nichts scheint aber besser für Aeschylus' Art zu passen als ὦ στόμα πάντων ὕψιον „o os ceteris omnibus excelsius."